Claus Schaefer

Welse

52 Farbfotos
14 Zeichnungen

VERLAG
EUGEN
ULMER

Vorwort

Als es vor über 100 Jahren mit der Pflege von exotischen Fischen so richtig seinen Anfang nahm, war ein Wels gleich mit von der Partie. Der Gefleckte Panzerwels, *Corydoras paleatus*, aus Südbrasilien und dem angrenzenden Argentinien erwies sich als resistent gegenüber den uns Heutigen doch recht primitiv anmutenden aquaristischen Möglichkeiten. Aber er hielt nicht nur aus; unermüdlich suchte er den Bodengrund nach Freßbarem ab und erwarb sich so seinen Ruf als nützlicher Resteverwerter. Obendrein vermehrte er sich auch noch in den Behältern unserer Altvorderen. So hielt seine Karriere bis heute ohne Knick an; noch immer ist er ein häufig empfohlener »Anfängerfisch«, und in jedem Zoogeschäft gehört er zum Sortiment.

Ein weiterer Pionier ist der »gemeine« Antennenwels, ein *Ancistrus*, von dem man heute nicht einmal mehr die ursprünglichen Fundorte kennt. Ihm verhalf seine Ernährungsweise zu ungebrochener Beliebtheit: Er frißt Algen. Auch er hielt unter allen möglichen Bedingungen aus und pflanzte sich fort.

Und so geht den Welsen bis heute der Ruf voraus, daß sie ein bißchen so etwas wie die nützlichen Idioten im Aquarium sind: Müllschlucker und Scheibenputzer.

Das stimmt natürlich so nicht. Die Welse sind eine sehr große, aus über 30 Fischfamilien bestehende Gruppe, die man in ihrer Gesamtheit kaum überblicken kann. Ihre Verbreitung, ihre Verhaltensweisen und Ernährungstechniken sind so unglaublich vielfältig, daß selbst im Rahmen dieser knapp hundert Seiten das meiste nur kurz angetippt werden kann.

Aber vielleicht gelingt es, erstes Interesse und Verständnis für diese nachtaktiven und oft skurrilen Zeitgenossen zu wecken und damit Aquarianern wie ihren Schutzbefohlenen die eine oder andere Enttäuschung zu ersparen. Vielleicht sind dann auch Sie, lieber Leser, mit mir einer Meinung, daß Welse fast noch spannender und attraktiver sind als all die anderen Fische.

Bonn, im Sommer 1998
Claus Schaefer

Inhaltsverzeichnis

Was ist ein Wels?

Im wissenschaftlichen Sinn beschreibt der Begriff »Welse« keine einheitliche Familie. Die je nach Anschauung des betreffenden Ichthyologen 30 bis 33 Familien der Welse bilden gemeinsam die **Ordnung der Welsartigen** (Siluriformes). Zu diesen Familien zählen aquaristisch bekannte und bedeutungsvolle, wie die Harnischwelse (Loricariidae) oder die Panzerwelse (Callichthyidae), aber auch die Elektrischen Welse (Malapteruridae) oder die Korallenwelse (Plotosidae), die in der Liebhaberei so gut wie keine Rolle spielen. Über 2000 Welsarten sind derzeit bekannt, viele werden wohl noch »entdeckt« werden, so daß die Gesamtzahl eher bei 3000 liegen dürfte.

Die **Verwandtschaftsbeziehungen** der Welse untereinander sind immer noch nicht geklärt und werden zum Teil leidenschaftlich diskutiert. Auf jeden Fall gehören sie wie die Salmler und Karpfenfische zu den Ostariophysi, die alle über den Weberschen Apparat verfügen. Dabei handelt es sich um eine Struktur aus mehreren kleinen Knochen, die ihnen in Verbindung mit der Schwimmblase höchstwahrscheinlich ein gegenüber anderen Fischen besseres Hören erlaubt – genau ist die Funktion des Weberschen Apparates noch nicht geklärt.

Im allgemeinen kann man Welse anhand einiger **Merkmale** erkennen. Sie haben keine Schuppen, sondern entweder eine nackte Haut oder Knochenplatten, die einen Großteil des Fisches bedecken können. Alle Welse haben fühlerartige Auswüchse am Maul, die Barteln, die sehr unterschiedlich ausgeprägt sein können. Bei einigen Arten sind sie wegen ihrer Kleinheit kaum zu erkennen, andere zeigen über körperlange dünne Fäden oder fiedrig verzweigte »Bärte«.

Welse leben mit Ausnahme der Antarktis in den Süßgewässern aller Kontinente und haben eine Vielzahl von **Lebensräumen** für sich erschlossen. Von reißenden kühlen Bächen der Gebirgshänge bis zu den großen, trägen Strömen des Tieflands sind sie verbreitet. Lediglich die Meere werden von nur wenigen Welsarten besiedelt.

Alle Pflanzen und Tiere werden mit einem mindestens zweigliedrigen **wissenschaftlichen Namen** bezeichnet. Der erste Teil ist

Welse besitzen im Gegensatz zu den meisten anderen Fischen keine Schuppen; eine Panzerung aus Knochenplatten sorgt aber bei vielen Arten für ausreichenden Schutz.

Der Pionier der Harnischwelse in der Aquaristik ist noch nicht nicht einmal mit einem wissenschaftlichen Artnamnen zu belegen. Er wird immer als »der« *Ancistrus* bezeichnet.

der Gattungsname; er zeigt an, daß es noch andere, nahe verwandte Fische gibt. Der zweite Teil ist der Artname, der nur diesen, sich völlig ähnelnden Exemplaren zukommt. Ein Beispiel: Der Gefleckte Panzerwels trägt den wissenschaftlichen Namen *Corydoras paleatus. Corydoras* zeigt die Gattungszugehörigkeit an. Es gibt in diesem Fall über hundert weitere *Corydoras*-Arten; *paleatus* ist der Artname, der nur diesen eindeutig zur selben Art gehörenden Fischen zukommt. Zur Hervorhebung werden wissenschaftliche Gattungs- und Artnamen im Text generell kursiv gesetzt.

Übrigens liegt hier der eher seltene Fall vor, daß es eine eindeutige und gebräuchliche deutsche Bezeichnung – Gefleckter Panzerwels – gibt. Bei fast allen anderen Welsen benutzen auch die Aquarianer und der Zoohandel die wissenschaftliche Benennung, selbst bei unserem Beispiel wird meist von *Corydoras paleatus* die Rede sein. Das hat seinen Grund in der Verfügbarkeit der Namen – für viele Fische gibt es eben keine deutschen Bezeichnungen – und der Eindeutigkeit der wissenschaftlichen Nomenklatur.

Wie bei vielen anderen Fischen auch, kommt es bei Welsen häufig zu **Umbenennungen** und **Neubeschreibungen**. Bei Umbenennungen wird meist der bisherige Gattungsname gegen einen neuen oder wieder gültigen älteren ausgetauscht, Neubeschreibungen charakterisieren und benennen bis dahin wissenschaftlich unbekannte Arten. Zu den mittlerweile gebräuchlichen Bezeichnungen als L-Nummern (Harnischwelse) beziehungsweise

Der Gefleckte Panzerwels, *Corydoras paleatus*, ist der in der Aquaristik am weitesten verbreitete Vertreter seiner Gattung; als dienstältester Panzerwels wird er schon seit weit über 100 Jahren gepflegt und gezüchtet. Man darf ihn nicht zu warm halten; 18 bis 20 °C reichen vollkommen aus.

C-Nummern (Panzerwelse) steht Näheres in den jeweiligen Kapiteln und Kästen.

Die Größe der Ordnung der Welse bedeutet auch, daß es eine ebenso große **Vielzahl** von Formen, Formaten und Verhaltensweisen gibt. Zwar leben die meisten Welse bodengebunden und sind eher in der Dunkelheit aktiv, doch selbst davon existieren zahlreiche Ausnahmen. Es gibt winzige räuberische Welse und riesige Aufwuchsfresser und umgekehrt mit allen Zwischenstufen und Kombinationsmöglichkeiten. Viele Spezialisierungen auf bestimmte Arten des Nahrungserwerbs und verschiedene Fortpflanzungsstrategien sind von Welsen ebenso entwickelt worden wie unterschiedliche Sozialstrukturen vom Einzelgänger bis zum echten Schwarmfisch.

Eine **Warnung** zum Schluß: Immer noch werden Welse oft lediglich als Müllschlucker und Scheibenputzer betrachtet. Ausgehungerte und scheue Fische sind meist die Folge einer solchen Diskriminierung. Wenn die Fische mehr Glück haben, werden sie immerhin als sogenannte Beifische gepflegt, um den Boden zu beleben. Aber selbst mit einer solchen Einstellung bringt man sich um spannende Beobachtungen. Welse stellen wie alle anderen Fische eigene Ansprüche, die der Aquarianer kennen und befriedigen muß!

Ein Aquarium für Welse

Welse stellen mit ihrer Vielfältigkeit auch unterschiedliche Ansprüche, die bei der Besprechung der einzelnen Familien, Gattungen und Arten auch genauer behandelt werden sollen. Trotzdem zeigt ein Großteil dieser Fische **Gemeinsamkeiten** wie überwiegende Nachtaktivität und hauptsächlich bodengebundenes Leben, denen wir bei der Einrichtung eines Aquariums gerecht werden müssen.

Auf die Bodenfläche kommt es an

Fast alle Welse leben ständig in engem Kontakt zum Boden oder wenigstens zu festen Substraten, Uferhängen etwa, Felsflächen, Holzeinlagerungen oder Fallaubschichten. Daraus ergibt sich für die Aquaristik die Konsequenz, daß das **Format** des Aquariums, in dem Welse gepflegt werden sollen, nach der größtmöglichen Bodenfläche ausgesucht werden sollte; die Höhe ist nicht so wichtig. Wenn man also die Wahl hat, greife man lieber zu einem Behälter, der die größere Tiefe bietet, wenn man sich nicht gar ein spezielles Aquarium nach vorgegebenen Sondermaßen anfertigen läßt.

Welse sind gegenüber Erschütterungen besonders empfindlich. Es ist deshalb wichtig, das Aquarium so aufzustellen, daß man Übertragungen von Trittschall, durch Holzfußböden etwa, weitestgehend ausschließt.

Die **Größe** des Aquariums muß sich natürlich nach den zu pflegenden Fischen richten. Dabei ist die Endgröße der Welse nur ein zweitrangiges Kriterium; bedeutungsvoller ist das Sozialverhalten der einzelnen Gattungen. So leben alle Panzerwelse (*Corydoras*-Arten) gesellig in Gemeinschaften von Trupp- bis Schwarmstärke, während die meisten Harnischwelse (Loricariiden) ausgesprochene Einzelgänger sind, die ihre Wohnhöhle gegen jeden Konkurrenten heftig verteidigen. Fiederbartwelse (*Synodontis*) leben einzeln oder in Gruppen und können ausgesprochen aggressiv werden, wenn der Behälter nicht genügend Raum zum Ausweichen und für die nötige Distanz bietet.

Diese wenigen Beispiele verdeutlichen schon den unterschiedlichen Raumanspruch der verschiedenen Welse: Für eine

Fiederbartwelse (hier *Synodontis greshoffi*) können recht aggressiv werden, wenn das Aquarium nicht genügend Ausweichmöglichkeiten bietet.

Corydoras-Gruppe von sechs bis zehn Tieren genügt ein 80 Zentimeter langes Aquarium vollkommen; die gleiche Anzahl von Antennenwelsen (*Ancistrus*) ließe sich darin nicht mehr unterbringen, ohne daß es zu dauernden Kämpfen und Jagereien käme, und größere Fiederbartwelse (*Synodontis*) sollten schon zwei Meter Beckenlänge zur Verfügung haben.

Es kommt hinzu, daß Welse nur selten allein gepflegt werden. Schon die **Vergesellschaftung** mit anderen Fischen muß an sich wohlüberlegt sein; werden allerdings Arten kombiniert, die dieselben territorialen Ansprüche stellen, ist die Aquariengröße um einiges höher anzusetzen als bei der Pflege nur einer Welsart. Am häufigsten werden wohl Buntbarsche zusammen mit Welsen gehalten, was den bedenkenswerten Nachteil mit sich bringt, daß sowohl die meisten Buntbarsche als auch die Welse den Boden als ihr Territorium betrachten und dort zumindest ihr Brutrevier errichten und verteidigen. Konflikte sind also vorprogrammiert und müssen durch eine entsprechende Einrichtung, vor allem aber die angemessene Größe des Aquariums von vornherein vermieden werden.

Vorsicht vor Verbrennungen

Wie für die meisten anderen Aquarienfische muß das Wasser auf Werte erwärmt werden, die den heimatlichen Gegebenheiten der Tiere entsprechen. Grundsätzlich kommen dafür alle Geräte in Frage, die auch sonst in der Aquaristik Verwendung finden; einige Besonderheiten sind bei der Pflege von Welsen aber dennoch zu beachten.

So führt das Bedürfnis vieler Welse, sich in Höhlen zu verstecken, zu **Verbrennungen** der Tiere, wenn sie sich in nicht richtig eingerichteten Aquarien hinter dem Regelheizer verbergen wollen. Eine Kabelheizung im Bodengrund ist zwar auch wegen einer möglichen Verletzungsgefahr der Fische durch Berührung von Nachteil, eher aber durch den nicht gerade schönen Anblick von durch größere Welse ausgegrabenen Heizkabeln. Welse mancher Arten verbringen ihre Ruhezeiten sogar eingegraben im Bodengrund.

Um Kontakte der Fische mit den Heizelementen und wenig zufriedenstellende Ansichten zu vermeiden, gibt es mehrere Möglichkeiten:

Heizmatten unter der Bodenscheibe sind für den Pflanzenwuchs von Vorteil und auch elektrisch sehr sicher, da sie keinen Kontakt zum Wasser haben. Sie müssen allerdings bereits vor der Aufstellung des Aquariums installiert werden und haben sich am Markt nicht so recht durchsetzen können.

Die preisgünstigen **Regelheizer** lassen sich auch in offenen Außenfiltern unterbringen, so daß sie für die Fische unerreichbar bleiben. Außerdem gibt es geschlossene **Motoraußenfilter** mit integrierter Heizung, die allerdings die Gefahr in sich bergen, daß bei einem Ausfall des Filters auch der Heizer nicht mehr funktionieren kann. Dann muß man aushilfsweise doch zum Regelheizer greifen.

Ist das Aquarium mit Höhlen, Unterständen und schattigen Zonen reichlich ausgestattet, spricht nichts mehr gegen die Verwendung von **Stab**- beziehungsweise **Regelheizern** im Aquarium selbst, denn dann sind die Fische auch nicht mehr gezwungen, sich hinter den Heizer zu klemmen.

Der Filter darf nicht zu klein sein

Neben der biologischen Funktion der **Schadstoffreduzierung** kommt bei der Pflege von Welsen der rein **mechanischen Filterwirkung** besondere Bedeutung zu, da viele Arten durch Gründeln

Wird ein Aquarium mit Stabheizern beheizt, müssen genügend andere Versteckmöglichkeiten vorhanden sein, da sich viele Welse sonst hinter die Heizstäbe klemmen und sich Verbrennungen zuziehen.

Höhlen können in einem Welsaquarium gar nicht genug vorhanden sein. Sie lassen sich mit Hilfe von Steinen, Holz, Tontöpfen oder Kokosnußschalen einrichten. Eine Schwimmpflanzendecke (hier nur angedeutet) sorgt für schattige Bereiche und Deckung nach oben.

und Wühlen ständig feinste Mulmpartikel aufwühlen, die das Wasser stark trüben würden. Viele Harnischwelse raspeln zudem Holz von den Dekorationswurzeln, wodurch der Kot der Fische eher dem Abfall eines Sägewerks gleicht. Das stellt hohe Anforderungen an das Rückhaltevermögen der Filtersubstrate.

Es ist also besser, Volumen und Pumpenleistung gleich höher zu wählen, als man das bei der Pflege anderer Fische tun müßte. Bewährt haben sich leicht zu reinigende **Schaumstoffilter**, die aber nur für den Betrieb kleinerer Aquarien mit wenigen Fischen ausreichend sind. Größere Aquarien mit größeren Welsen betreibt man günstiger mit einem groß dimensionierten **Motoraußenfilter**, den man mit hauptsächlich grobem Filtermaterial beschickt, da feinere Substrate sich schnell zusetzten und dann den Durchfluß erheblich mindern. Unverzichtbar ist selbstverständlich der unterstützende regelmäßige Teilwasserwechsel.

Um die für die Pflege vieler Welse nötige stärkere **Wasserströmung** zu erreichen, empfiehlt sich die Installation einer zusätzlichen Tauchkreiselpumpe, die man durch einen regelmäßig und vor allem häufig zu reinigenden Vorfilter vor Verstopfungen bewahrt.

Welse mögen es nicht zu hell

Dem **Licht** kommt bei der Pflege von Welsen eine eher untergeordnete Bedeutung zu, da es sich ja bei den allermeisten Arten um eher dämmerungs- oder nachtaktive Fische handelt, die durch zu große Helligkeit lediglich scheu würden und sich untertags überhaupt nicht mehr sehen ließen. Die Beleuchtung darf also keineswegs zu stark sein.

Selbst die tagaktiven Panzerwelse sind bei zu grellem Licht schreckhaft und vorsichtig. Allerdings kann man sie in Aquarien pflegen, die den Fischen mit einer reichen Bepflanzung und einigen Rückzugszonen genügend Sicherheit bieten. Eine das Becken zumindest teilweise beschattende Schwimmpflanzendecke kann zusätzlich für dämmrige Bereiche sorgen.

Um viele nachtaktiven Welse überhaupt zu Gesicht zu bekommen, muß der Aquarianer den Fischen die Nacht zum Tage machen, indem er eine halbdunkle Atmosphäre im Aquarium schafft. Da man ja aber selbst zumindest noch etwas von den Fischen sehen möchte, muß ein wenig Licht doch noch bis zum Boden vordringen. Diesen Widerspruch löst man am besten, indem man eine verhältnismäßig schwache Beleuchtung installiert, die einer möglichst großen Schwimmpflanzendecke gerade noch ausreichend Helligkeit bietet. Bis zum Grund gelangt dann nur noch ein diffuses Licht, das vielen Welsen ihre Scheu nimmt.

Solche Mühen sind allerdings vergeblich, wenn der umgebende **Wohnraum** im gleißenden Sonnenschein liegt oder abends stark beleuchtet wird. Die Fische werden dann scheu bleiben und erst aus ihren Verstecken kommen, wenn der Raum abgedunkelt worden ist. Man sucht also einen geeigneten Standplatz für sein Welsaquarium in der dunkelsten Ecke des Zimmers; der Keller ohne zusätzliches Tageslicht wäre noch besser geeignet.

Der Bodengrund darf nicht scharfkantig sein

Wie schon mehrfach betont, ist der Boden für Welse gleich aus verschiedenen Gründen wichtig. Bedingt durch ihre Lebensweise, haben die Fische dauernden Kontakt zum Untergrund, liegen also oft mit der Bauchfläche auf dem Bodensubstrat oder heften sich an Steinen und Holz an. Ein Großteil der Arten sucht auf dem oder im Bodensubstrat nach Nahrung und ist auch darauf angewiesen; so sind zum Beispiel die meisten Harnischwelse gar nicht in der Lage, wie viele andere Fische Futter aus dem freien Wasser aufzunehmen.

Die eher im dunklen aktiven Welse wird man bei zu heller Beleuchtnung kaum zu Gesicht bekommen.

12

Bei der Auswahl des Bodensubstrates muß man also besondere Umsicht walten lassen. Sand oder Kies dürfen keinesfalls **scharfkantig** sein, weniger um einer allgemeinen Verletzungsgefahr vorzubeugen, sondern vor allem um die empfindlichen Barteln der Welse zu schützen, die als Tast- und Geschmacksorgane für die Fische überlebenswichtig sind. Andernfalls kann es geschehen, daß sich etwa Panzerwelse an scharfem Kies die Barteln regelrecht abschneiden. Der Verlust behindert die Tiere nicht nur bei der Nahrungsaufnahme, die Wunden können sich auch leicht infizieren und den Wels schwer erkranken lassen – von der Verletzung an sich einmal abgesehen.

Auch zu **grober Boden** ist für Welse nicht geeignet. Einmal sind für kleinere Exemplare schon Kiesel von wenigen Millimetern nicht mehr zu bewegen und deshalb bei der Nahrungssuche hinderlich. Zum anderen sinkt in zu grobes Substrat der zerkleinerte Abfall des gesamten Aquariums in Form von Fischkot, Pflanzenteilen und überschüssigem Futter ein und wird für den Aquarianer unsichtbar. Er erhöht aber auf Dauer die Belastung des Aquarienwassers mit Abbauprodukten. Einer solchen Deponie ist nach einiger Zeit auch mit einem Wasserwechsel nicht mehr beizukommen.

Gut geeignet ist **grober Sand** mit einer Körnung von bis zu 0,8 Millimetern. Das ist fein genug, um nicht zu viele Sinkstoffe durchzulassen und andererseits auch grob genug, daß eine ausreichende Wasserzirkulation die Wurzeln der Pflanzen erreicht. **Feiner Sand** ist für die Fische womöglich noch besser, doch besteht hier die Gefahr, daß bei stärkerer Schichtung Verbackun-

Bratpfannenwelse der Gattung *Bunocephalichthys* fallen durch ihr skurriles Aussehen auf.

13

Bei Aquarien für Harnischwelse (hier L114, vermutlich *Pseudacanthicus leopardus*) sollte man mit Wurzelholz nicht sparen.

gen und damit Faulstellen entstehen, die mit einer für die Fische gefährlichen Gasbildung einhergehen. Auch Pflanzen gedeihen hier aufgrund des fehlenden Wasseraustausches im Boden nicht. Eine dünnere Schicht Sand in einem unbepflanzten Becken (oder einem Aquarium mit Pflanzen in Tontöpfen), die zudem regelmäßig aufgelockert wird, kommt aber den Biotopen der meisten aquaristisch interessanten Welse am nächsten.

Kleine Hexen- und Dornwelse, aber auch Bratpfannenwelse leben oft in dicken **Fallaubschichten** in strömungsarmen, flachen Gewässerzonen. Im Aquarium läßt sich eine solche Umgebung gut durch eine Lage Buchenblätter nachahmen. Die im Herbst gesammelten Blätter müssen gesäubert und heiß überbrüht werden, damit sie schneller auf den Boden sinken. Buchenblätter sind deshalb besonders geeignet, weil sie sich im Wasser recht lange halten, ohne zu zerfallen. Pflegt man in solchen Aquarien allerdings zugleich vegetarisch lebende Harnischwelse, wird man an der schönen Laubpracht nicht lange Freude haben, denn *Ancistrus* & Co. betrachten die Blätter als willkommene Bereicherung des Speisezettels und lassen wirklich nur Krümel übrig. Nach einem halben bis einem Jahr müssen die alten Blätter gegen frische ausgetauscht werden. Auch auf den pH-Wert muß man achten, da, je nach Verhältnis von Blatt- zu Wassermenge, das Wasser deutlich angesäuert werden kann.

Welse mögen gut dekorierte Aquarien

Wurzeln und Steine sind im Welsaquarium nicht bloß attraktives Beiwerk für den Betrachter, sondern für die Fische ausgesprochen wichtig. Aus beiden Materialien lassen sich Höhlen und Unterstände zusammenstellen oder -schichten, die für das Wohlbefinden der meisten Welse unverzichtbar sind. Glatte Steine werden zudem von vielen Aufwuchsfressern abgeraspelt, wenn auch Algen bei der Populationsdichte der Interessenten im Aquarium kaum eine Chance zur ausreichenden Vermehrung haben. Höhlen sind nicht nur notwendige Verstecke, sondern für viele Harnischwelse als Laich- und Brutplatz notwendige Voraussetzung zur Fortpflanzung – dazu bei den entsprechenden Arten jedoch mehr.

Stattet man Aquarien für Aufwuchs fressende Arten mit einer **Rückwand** innerhalb des Behälters aus, muß man bei der Auswahl des Materials etwas vorsichtig sein. Styropor etwa wird von Harnischwelsen regelrecht in kleine, weiße Kügelchen zerlegt. Selbst das festere Polyurethan (meist kurz als PU bezeichnet), aus dem zum Beispiel die dunkelbraunen Tafeln mit Rindenstruktur herge-

14

stellt sind, wird im Laufe der Zeit durch das beständige Schaben und Raspeln immer dünner. Inwieweit das den Welsen schaden könnte ist unbekannt, besonders gesund wird es jedoch kaum sein. Die in letzter Zeit im Handel angebotenen, aus Epoxyd-Harz modellierten Wände sind da sehr viel widerstandsfähiger, allerdings auch extrem teuer.

Die probaten Mittel sind entweder natürliche Stoffe, wie Steine und Wurzeln, oder ein wie auch immer gearteter optischer Abschluß hinter der Rückscheibe. Dabei bleibt es dem Geschmack des Aquarianers überlassen, welcher Lösung er zuneigt; Anhänger von Fototapeten werden im Handel auf ihre Kosten kommen. Die diskreteste und optisch trotzdem ansprechende Möglichkeit ist ein schwarzer Außenanstrich der Rückscheibe beziehungsweise eine schwarze Pappe dahinter.

Manche Wasserpflanzen landen auf der Speisekarte

Von Schwimmpflanzen als Schattenspendern war bereits die Rede, hier soll es aber zunächst um die **Wasser- und Sumpfpflanzen** gehen, die im Bodengrund verwurzelt gedeihen. Selbstredend müssen die Pflanzen entsprechend ihren Ansprüchen und nach den Vorgaben des jeweiligen Aquarienmilieus ausgesucht werden. Diese Informationen bezieht man vor dem Einkauf aus der Fachliteratur oder von anderen, in solchen Dingen erfahreneren Aquarianern.

Wie schon unter der Rubrik Filterung vermerkt, bewegen die Welse aufgrund ihrer Lebensweise den Bodengrund häufiger und heftiger als andere Fische. Ob **feinfiedrige Pflanzen**, wie *Cabomba* oder *Myriophyllum*, in einem solchen Aquarium ein gutes Fortkommen finden, wird deshalb zunächst durch die Wirkung der Filterung entschieden. Auch die Lichtmenge wird für diese in dieser Hinsicht recht anspruchsvollen Gewächse wohl nur in seltenen Fällen ausreichen. Welse, die sich am ehesten unter Bedingungen pflegen lassen, die auch solchen Pflanzen ein Gedeihen gewährleisten, sind bei den Panzerwelsen, den kleineren Hexen- und Dornwelsen zu suchen.

Dem eher schummrigen Charakter des Aquariums angemessen sind Pflanzen, die ebenfalls nur geringe Ansprüche an Lichtmenge und -intensität haben. Bei der Pflege aufwuchs- und pflanzenfressender Welse müssen die Blätter der Pflanzen zudem genügend widerstandsfähig oder wenig schmackhaft sein. Diese Kriterien werden etwa von den afrikanischen Speerblattarten (*Anubias*) erfüllt. Auch Javafarn (*Microsorum pteropus*), Kongofarn (*Bolbitis*

Pflanzen mit sehr hohen Ansprüchen an die Beleuchtung sind in einem Welsaquarium fehl am Platze.

heudelotii) und andere derbblättrige Arten sind gut geeignet. Die Farne lassen sich außerdem auf Wurzeln, Steinen und Rückwänden mit Pflanznadeln feststecken oder mit Nylonschnur festbinden, man ist also nicht unbedingt auf den geeigneten Sand oder Kies angewiesen, sondern kann Bepflanzung und Bodengrundauswahl getrennt voneinander betrachten.

Die sicherlich wunderschönen und auch sonst nicht schwer zu kultivierenden *Echinodorus*- und *Aponogeton*-Arten etwa sind kaum die passende Begrünung für Harnischwels-Aquarien, denn die zarteren und offensichtlich wohlschmeckenden Blätter werden selbst dann von vielen Loricariiden gefressen, wenn die Fütterung sonst reichlich ist.

Reicht »normales« Leitungswasser aus?

Wenn man dem grundsätzlichen Rat folgen will, seine Fische nach den Wasserwerten auszuwählen, die man aus der Leitung bezieht, erspart man sich selbst viel Arbeit und den Fischen unzuträgliche Schwankungen, weil man ja doch irgendwann vergißt (oder zu bequem wird), bei jedem Wasserwechsel vorher (!) die entsprechenden Werte herzustellen.

Die meisten Welse stellen zwar keine außergewöhnlichen Ansprüche an die Wasserqualität, reagieren auf Metallverbindungen jedoch sehr empfindlich.

Für die Pflege der aquaristisch eingebürgerten und auch für viele neuimportierte Arten reicht in der Regel »herkömmliches« **Leitungswasser** aus. Damit ist gemeint, daß pH-Wert und Härte sich nicht in schwindelerregenden Höhen bewegen, sondern im gemäßigten Bereich bleiben. Der pH-Wert wird von den meisten Versorgern auf knapp alkalische Werte eingestellt, er wird meist zwischen pH 7,2 und 8,0 liegen. Die Härte ist von Region zu Region stark verschieden, sie hängt vom Einzugsgebiet der Wasserversorgung ab und wird von den Wasserwerken selten beeinflußt. Solange aber 15 °dGH nicht überschritten werden, ist die Pflege auch aus anderen Wässern stammender Fische meist problemlos. Lediglich zu Zuchtversuchen ist weicheres und oftmals auch saureres Wasser vonnöten (siehe Kasten auf Seite 18).

Welse sind im allgemeinen zwar recht robuste Pfleglinge, reagieren aber auf bestimmte Verbindungen im Wasser erheblich empfindlicher als andere Fische. Vor allem bestimmte **Metallverbindungen** führen schnell zu Vergiftungen. Kupfer kann zum Beispiel aus neu verlegten Wasserleitungen stammen, ist aber auch in manchen Fischmedikamenten enthalten, die damit für eine Behandlung ausscheiden. Blei kann ebenfalls aus dem Wasserhahn stammen, wird im Zoohandel aber auch als Bleiband sehr häufig zur Bündelung und Beschwerung von Stengelpflanzen ein-

17

Wasseraufbereitung

Zur Zucht, manchmal auch schon zur Pflege von Fischarten mit spezieller Anpassung an bestimmte Wasserwerte ist die Aufbereitung des Aquarienwassers nötig, da das zur Verfügung stehende Leitungswasser vor allem in bezug auf Härte, Säuregrad und Schadstoffbelastung nicht genügt. Vor allem zu Zuchtversuchen, die man mit Fischen aus weichem Wasser anstellen will, ist es oft günstig, Härte und pH-Wert zu senken, weil man damit manchmal erst die Fortpflanzungsbereitschaft der Fische stimuliert, aber auch weil die Entwicklung des Laichs und damit die Schlupfrate des Geleges meist besser sind.

Regenwasser kann man kaum verwenden, weil es zumindest in dicht besiedelten Gebieten zu viele Schadstoffe enthält, destilliertes Wasser ist bei größerem Bedarf zu teuer, so daß nur wenige Möglichkeiten bleiben:

Teil- und Voll-entsalzung

Bei der Entsalzung mit Kunstharzen durchläuft das Ausgangswasser eine oder zwei Säulen und gibt die härtebildenden Salze an das Austauscherharz ab. Das Harz erschöpft sich nach einiger Zeit und muß aufwendig regeneriert beziehungsweise durch unverbrauchtes ersetzt werden. Der Einsatz von Chemikalien und die Kosten lassen diese Methode inzwischen unrentabel und ökologisch bedenklich erscheinen, zumal es mittlerweile mit der Umkehrosmose eine Alternative gibt.

Umkehrosmose

Das Ausgangswasser wird durch den Leitungswasserdruck gegen eine Membran gepreßt, die wie ein Sieb größere Moleküle zurückhält und nur das reine Wasser passieren läßt. Dadurch wird nicht nur der Mineralgehalt des Wassers gesenkt, sondern es werden auch Schadstoffe (Pestizide etwa) zurückgehalten, die beim Entsalzungsverfahren nicht beeinflußt werden. Da inzwischen die Haltbarkeit, Ausbeute und auch der Preis in jeder Hinsicht verbessert worden sind, ist die Umkehrosmose der Vollentsalzung heute überlegen.

Torf und Erlen-zäpfchen

Torf und Erlenzäpfchen kommen als »natürliche« Materialien vor allem zur Beeinflussung des pH-Wertes in Frage. Fasertorf – nur speziell für aquaristische Zwecke ausgezeichnete Ware sollte verwendet werden – oder Torfgranulat wie auch Erlenzäpfchen verwendet man am besten in einem Netzbeutel im Außenfiltertopf (daher auch der irreführende Ausdruck »Torffilterung«). Torf wirkt nebenbei auch als schwacher Ionentauscher und senkt die Härte. Ein Nebeneffekt des Torfeinsatzes ist die starke Braunfärbung des Wassers. Torf und Erlenzäpfchen müssen nach Erreichen der gewünschten Werte entfernt oder, da sie sich zu früh erschöpft haben, gegen frisches Material ausgetauscht werden.

Eichenrinden-extrakte

Unkompliziert läßt sich Wasser mittels im Handel erhältlicher **Eichenrindenextrakte** ansäuern. Im Gegensatz zu Torf und Erlenzäpfchen liegt hier aber keine »Substanz« vor, die puffernd auf den pH-Wert wirkt. Die Pufferung hängt hier von der im Wasser befindlichen Karbonathärte ab, so daß es geschehen kann, daß der pH-Wert sich in der ersten Zeit kaum, dann aber rasant senkt. Fortlaufende pH-Messung und vorsichtige Dosierung sind also angebracht. Ungeeignet sind anorganische Säuren (etwa Salz- oder Phosphorsäure).

Durch Ionentauscher oder Umkehrosmose vollentsalzte Wässer müssen verschnitten, also mit unbehandeltem Wasser gemischt werden, um die gewünschten Härtewerte zu erreichen. Rein verwendet wären sie für viele Fische tödlich; auch erschwert die fehlende Pufferwirkung die Einstellung eines konstanten pH-Wertes.

gesetzt. Solche Bleifolien dürfen nicht in Aquarien gelangen, in denen Welse gepflegt werden.

Metallionen aus der Wasserleitung lassen sich mit Wasseraufbereitern aus dem Handel schnell und problemlos binden und sind dann unschädlich. Präparate zur Krankheitsbehandlung, die Metallverbindungen enthalten, dürfen nicht verwendet werden; es bestehen fast immer Ausweichmöglichkeiten auf andere Produkte oder Substanzen.

Ein Problem für die Aquaristik stellt die hiesige Landwirtschaft dar, die mit sogenannten »Pflanzenschutzmitteln« (Pestizide, Herbizide, Fungizide) und phosphat- sowie nitrathaltigen Kunstdüngern arbeitet. Da einiges davon über den Grundwassereintrag auch ins Trinkwasser gerät, wo es von den Wasserwerken oft nicht entfernt werden kann, gelangt es in für den Menschen als unbedenklich bezeichneten Mengen eben auch in die Haushalte. Viele Fische reagieren aber auf auch geringste Pestizidkonzentra-

Krankheiten und ihre Behandlung

Welse sind eigentlich sehr robuste Fische, bei denen es selten zum Ausbruch von Krankheiten kommt. Selbst wenn die anderen Fische im Aquarium weiße Pünktchen zeigen, also von *Ichthyophthirius multifiliis* befallen sind, kann man bei den Welsen oft keine Symptome erkennen, oder sie treten erst sehr viel später auf.

Trotzdem können Welse natürlich erkranken. Es gibt sogar eine gefürchtete Erscheinung, die in dieser Form wohl nur bei ihnen auftritt. Rötliche, blutunterlaufene Stellen auf dem Körper, besonders an den Rändern der Knochenplatten, lassen auf eine Bakterien- oder Virusinfektion schließen, die kaum heilbar ist.

Generell ist dazu aber zu sagen, daß schon die genaue Erkennung einer Krankheit dem Laien große Schwierigkeiten bereitet. Zwar helfen gute Fachbücher (siehe Literaturverzeichnis) bei einfacheren Diagnosen oft weiter, wird es aber komplizierter, ist die Hilfe eines Fachmanns unerläßlich. Entsprechende Experten sind allerdings rar; man wendet sich am besten an einen Aquarienverein, der die richtigen Fischdoktoren nennen kann.

Im Fachhandel gibt es zuverlässig wirkende Mittel gegen verschiedene Fischkrankheiten. Bei der Behandlung von Welsen ist aber auch darauf zu achten, daß keine Metallverbindungen (Kupfer vor allem) in dem Präparat enthalten sind, auf die diese Fische empfindlich reagieren. Man muß auch berücksichtigen, daß viele Medikamente in weichem und saurem Wasser stärker wirken als in härterem und alkalischem; entsprechende Vorsicht ist bei der Dosierung also angebracht. »Viel hilft viel« ist hier sicher der falsche Wahlspruch.

Die meisten dieser Produkte (wie eigentlich alle Medikamente) enthalten auch für den Menschen giftige Substanzen; sie müssen deshalb sorgfältig und vor allem kindersicher aufbewahrt werden!

Die beste Vorbeugung ist die gute und aufmerksame Pflege der Fische, denn die meisten Krankheiten können erst dann ausbrechen, wenn die Tiere durch schlechte Umweltbedingungen oder Fehler bei der Pflege gestreßt und geschwächt sind.

tionen ausgesprochen intensiv; es ist bereits zu Massensterben in Aquarien gekommen, die einen Wasserwechsel mit unbearbeitetem Leitungswasser hinter sich hatten. Pestizide lassen sich einigermaßen praktikabel nur durch das Umkehrosmoseverfahren (siehe Kasten auf Seite 18) weitgehend zurückhalten, Nitrate und Phosphate auch durch andere Methoden wie Voll- oder Teilentsalzung und spezielle Nitratfilter.

Der Nitratgehalt steigt aber auch im Aquarium selbst an, weil Nitrate das Endprodukt in der Abbaukette der Abfallstoffe sind. Ausscheidungen der Fische, abgestorbene Pflanzenteile, nicht gefressenes Futter sind die Quellen dafür. Abhilfe schafft hier nur der regelmäßige Austausch eines Teiles des Aquarienwassers gegen unbelastetes Frischwasser, der vielzitierte **Wasserwechsel**. Dabei läßt man in regelmäßigen Abständen (alle sieben, spätestens alle 14 Tage) einen stets gleichgroßen Teil des Aquarieninhaltes (je nach Besatzdichte 20 bis 50 Prozent) ablaufen und ersetzt ihn durch in pH-Wert, Härte und Temperatur gleichwertiges frisches Wasser.

Wenig Sinn hat der Wasserwechsel natürlich, wenn die Nitratwerte des Leitungswassers schon sehr hoch sind. Dann sind Überlegungen zur Anschaffung einer Umkehrosmose-Anlage oder anderer geeigneter Gerätschaften durchaus angebracht. Die genauen Werte des heimischen Leitungswassers kann man übrigens durch einen Anruf bei den Versorgungsbetrieben in Erfahrung bringen.

Welsarten für das Aquarium

Fiederbartwelse aus Afrika

Obwohl **Afrika** Lieferant von einer überaus großen Anzahl von Aquarienfischen ist – man denke nur an die Buntbarsche des Tanganjika- und des Malawisees –, sind kaum Welse aus der Alten Welt im Hobby verbreitet. Das liegt nicht daran, daß es etwa nur wenige Welse auf diesem Kontinent gäbe, sondern an der Unzugänglichkeit vieler Fangplätze, an der Größe und Unverträglichkeit vieler Arten sowie – damit schließt sich der Teufelskreis – dem geringen Bekanntheitsgrad der afrikanischen Welse.

Lediglich die Gattung *Synodontis* der Familie Mochokidae hat es zu einiger Popularität gebracht. Diese, im Deutschen wegen ihrer feinverzweigten Barteln **Fiederbartwelse** genannten Fische haben im Rahmen ihrer weiten Verbreitung innerhalb des tropischen Afrika auch die großen Seen erobert, aus denen regelmäßig Cichliden importiert werden. Deshalb gelangen auch immer wieder bisher nahezu unbekannte Arten dieser Gattung in den Handel.

Gemeinsam ist allen *Synodontis* die mal mehr gestreckte, mal untersetztere Körpergestalt, wie man sie auf den Abbildungen erkennen kann, eine große, vor allem lange Fettflosse und die namensgebenden feinverzweigten Barteln.

Die **Verbreitung** der Gattung erstreckt sich über das gesamte tropische Afrika, wo sie die verschiedensten Lebensräume für sich erschlossen hat. Fiederbartwelse leben sowohl in Stromschnellen, etwa im unteren Kongo, und den breiten, träge fließenden großen Flüssen als auch in fast allen Zonen der ostafrikanischen Seen. Bei der Pflege im Aquarium ist es daher wichtig, die Herkunft der Fische zu kennen, um ihnen eine möglichst geeignete Umgebung bieten zu können.

Da weit über 100 Arten zur Gattung *Synodontis* gehören, läßt sich leicht denken, daß nicht nur unterschiedliche Ansprüche im Aquarium zu berücksichtigen sind, sondern schon die **Größe** der Fische, die von wenigen Zentimetern bis zu etwa einem halben Meter reicht, eine wesentliche Rolle spielt. Nach diesen Maßen muß sich selbstverständlich auch das **Volumen des Pfle-**

Der Rückenschwimmende Kongowels, *Synodontis nigriventris*, ist ein kleiner und verträglicher Vertreter seiner Gattung. Die größeren und plumper wirkenden Weibchen zeigen größere Flecke als die Männchen.

gebehälters richten. So genügt für die kleinen Arten ein Becken von 80 bis 100 Zentimeter Kantenlänge, während schon diejenigen *Synodontis*, die größer als 15 Zentimeter werden, aufgrund ihrer Revieransprüche erst in Aquarien von mindestens 150 Zentimetern Länge zufriedenstellend untergebracht werden können.

Die **Wasserwerte** spielen bei der Pflege von Fiederbartwelsen keine so große Rolle. Selbst in härterem, leicht alkalischem Wasser, das man den Arten aus den ostafrikanischen Seen sowieso anbieten sollte, gedeihen auch die Flußbewohner ausgesprochen gut. Ob bei der Fortpflanzung mancher Arten Härte- und Säuregrade entscheidend sein können, ist nicht bekannt, da die meisten noch nicht im Aqarium vermehrt worden sind. Die Temperatur des Wassers sollte 25 bis 27 °C betragen.

Alle Arten benötigen zum Wohlbefinden unbedingt geräumige **Verstecke**, die man am besten aus Wurzeln oder, für die *Synodontis*-Arten der ostafrikanischen Grabenseen, aus Steinen zusammenstellt. In diesen Unterständen halten sich die Welse untertags meist auf, je nach Verträglichkeit der Art auch zu mehreren. Gegen andere Fische, manchmal auch gegenüber Artgenossen, wird dieses Revierzentrum manchmal schon recht ruppig verteidigt.

23

Der Kuckuckswels, *Synodontis multipunctatus*, schiebt seine Eier maulbrütenden Buntbarschen unter.

Eine **Bepflanzung** des Aquariums ist nicht nur möglich, sondern bietet zusätzliche Versteckmöglichkeiten, da die Welse als Fleischfresser auch das zarteste Grün nicht beschädigen. Nur die größer werdenden Arten ziehen mit ihren bisweilen ungestümen Bewegungen fragilere Gewächse in Mitleidenschaft. Für die Flußbewohner sind Speerblätter (*Anubias*) und Kongofarn (*Bolbitis*) nicht nur wegen ihrer afrikanischen Herkunft gut geeignet, die Welse suchen auch die Blätter der Pflanzen nach Nahrung (Insektenlarven und Kleinkrebse) ab. Die Seebewohner, die wohl meist zusammen mit den entsprechenden Buntbarschen gepflegt werden, werden den Wasserwerten gemäße Gewächse vorfinden; in erster Linie sind Vallisnerien und Hornkraut die biotopgerechte Flora.

Wie schon erwähnt, vergreifen sich *Synodontis* nicht an Pflanzen, sondern ernähren sich ausschließlich von kleineren Beutetieren. Zu ihrem **Nahrungsspektrum** gehören Insektenlarven, Kleinkrebse und Garnelen, Würmer, Schnecken sowie hin und wieder wohl auch kleinere Fische. Das alles kann man ihnen ohne weiteres auch im Aquarium bieten, die Palette an Frost- und Lebendfutter ist groß genug. Sie nehmen auch Flockenfutter, Sticks oder ähnliches, die sie sogar in Rückenlage von der Wasseroberfläche saugen.

24

Eine **Vergesellschaftung** mit anderen Fischen ist von der Verträglichkeit der jeweiligen Art und natürlich von der Größe des Aquariums abhängig. Die kleineren Fiederbartwelse bieten da auch die kleinsten Probleme, während die Unverträglichkeit mancher größeren Art schon ziemliche Schwierigkeiten bereiten kann.

Über die **Fortpflanzung** der meisten Arten ist genausowenig bekannt wie über ihr sonstiges Leben in ihrer Heimat. Lediglich der Rückenschwimmende Kongowels und zwei Arten aus dem Tanganjikasee sind bisher erfolgreich im Aquarium vermehrt worden. Letztere haben dabei eine äußerst seltene Fortpflanzungsstrategie offenbart, doch dazu gleich noch mehr.

Eine *Synodontis*-Art hat es in der Aquaristik sogar bis zum Rang eines Klassikers gebracht: der **Rückenschwimmende Kongowels**, *Synodontis nigriventris*. Dieser mit acht Zentimetern Länge kleine Fiederbartwels schwimmt, dem ersten Teil seines deutschen Namens entsprechend, immer »verkehrt herum« mit dem Bauch nach oben. Der zweite Teil gibt Auskunft über seine Verbreitung. Das lateinische *nigriventris* bedeutet »mit schwarzem Bauch« und bezieht sich ebenfalls auf diese Anpassung, denn ein dunkler Bauch tarnt diesen Fisch gegen die Wasseroberfläche. Normalerweise sind die unteren Körperregionen der Fische immer hell gefärbt, damit sie sich gegen die Wasserober-

25

fläche nicht deutlich abheben; man spricht dann von »Gegenschattierung«.

Der Rückenschwimmende Kongowels ist eine der ganz wenigen *Synodontis*-Arten, die sich schon im Aquarium fortgepflanzt haben. Dabei ist die Paarung selbst wohl noch nicht beobachtet worden, möglicherweise spielt sie sich in den Nachtstunden ab. Lediglich die Eier waren zu sehen, die vom Weibchen an Höhlenwände oder an die Aquarienscheiben geheftet worden waren. Die Jungen schwimmen zu Beginn ihres Lebens normal und drehen sich erst nach einigen Wochen auf den Rücken. Will man die Zucht mit diesem Fisch versuchen, muß man Geduld aufbringen, denn er wird erst nach zwei oder drei Jahren geschlechtsreif. Die besten Aussichten bestehen, wenn man die Art für sich, also ohne andere Fische, pflegt und gut mit Mückenlarven (vor allem schwarzen) füttert.

Synodontis multipunctatus und *Synodontis petricola* aus dem Tanganjikasee werden mit 12 bis 15 Zentimeter Länge zwar etwas größer als der Rückenschwimmende Kongowels, sind aber im entsprechend geräumigen Aquarium auch noch recht verträgliche Fische. Im Deutschen werden sie oft als **Kuckuckswelse** bezeichnet, was bereits ihre einzigartige Vermehrungsstategie kennzeichnet.

Diese Fische warten, bis ein Buntbarschpaar ablaicht und mogeln sich dann dazwischen. Das Welsweibchen plaziert seine Eier anstelle der aufgefressenen Cichlideneier vor dem Maul des Buntbarschweibchens, das sie ohne weiteres aufnimmt und erbrütet. Dieser Brutparasitismus geht sogar so weit, daß die noch im Maul des Cichlidenweibchens vorhandenen eigenen Eier beziehungsweise Larven von den früher schlüpfenden Jungwelsen als Nahrung genutzt werden.

Ein weiterer, recht begehrter Wels aus dieser Gattung ist *Synodontis angelicus*, der **Perlhuhnwels**, der allerdings in seiner Heimat, wie viele andere *Synodontis*-Arten, unter Schutz steht und eigentlich nicht exportiert werden dürfte.

Ebenfalls zur Famile der Mochokidae gehören im Aussehen völlig abweichende Welse, die mit Saugmaul, Körperform und auch Lebensweise eher den südamerikanischen Harnischwelse gleichen. Im Gegensatz zu jenen ist bei den afrikanischen Gattungen *Chiloglanis* und *Euchilichthys* allerdings nur der Kopf von Knochenplatten geschützt. Bis jetzt sind nur wenige Arten importiert worden. Meist handelte es sich um 10 bis 20 Zentimeter lang werdende Fische, die sich im Aquarium auch ganz ähnlich wie ihre neuweltlichen Vettern verhielten, weshalb man sie auch unter ähnlichen Bedingungen pflegen sollte.

Kuckuckswelse lassen ihre Eier von maulbrütenden Buntbarschen austragen.

26

Der Indische Glaswels

Ähnlich wie aus Afrika werden auch aus Asien nur wenige Welsarten ständig im Handel angeboten, auch wenn der Artenreich-
tum ein sehr viel größeres Spektrum ermöglichen würde. Zwar
gibt es zahlreiche, allein aufgrund ihrer Größe ungeeignete
Arten, doch sind noch längst nicht alle asiatischen Welse wissenschaftlich oder aquaristisch bekannt.

Die für die Pflege im Warmwasseraquarium geeigneten Arten
stammen alle aus dem **tropischen Südostasien** und besiedeln
dort die unterschiedlichsten Lebensräume, so daß man bei der
entsprechenden Aquarieneinrichtung und den Wasserwerten
immer auch auf die heimatlichen Gegebenheiten achten muß.

Es werden wohl sein bizarres Aussehen und seine Durchsich-
tigkeit gewesen sein, die den **Indischen Glaswels**, *Kryptopterus
bicirrhis*, in der Aquaristik so beliebt gemacht haben.

Obwohl er zur Familie der **Echten Welse**, der Siluridae,
gehört, deren größter und typischster Vertreter das Urbild des
Welses, nämlich unser einheimischer Waller (*Silurus glanis*) ist,
weicht der Indische Glaswels deutlich von vielem ab, was wir uns
unter »Wels« vorstellen. Er bleibt mit zehn bis zwölf Zentimetern

Der Indische Glas-
wels, *Kryptopterus
bicirrhis*, muß in
einer Gruppe von
mindestens sechs
Tieren gepflegt wer-
den, sonst kümmert
er.

In einem Aquarium für Indische Glaswelse darf auch etwas Strömung herrschen. Die Bepflanzung darf natürlich auch noch etwas dichter sein.

Gesamtlänge recht klein, schließt sich zu Verbänden zusammen, schwimmt ohne Bodenkontakt im freien Wasser und ist überdies ausgesprochen tagaktiv.

In seiner **Heimat** Südostasien (hauptsächlich Hinterindien und die Sunda-Inseln) bewohnt der Indische Glaswels Gewässerbereiche mit steter, nicht zu starker Strömung und ausreichenden Rückzugsmöglichkeiten. Er lebt immer in größeren oder kleineren **Gruppen**, was man im Aquarium berücksichtigen muß. Man sollte nie weniger als sechs Tiere pflegen, ein einzeln gehaltener *Kryptopterus* wird schnell sterben.

Das **Aquarium** für die richtige Pflege dieser schwimmfreudigen Welse sollte mindestens einen Meter lang sein. Filter oder zusätzliche Pumpen müssen eine deutliche Wasserströmung bewirken, in der die ganze Gruppe mit den Köpfen voran steht und auf Beute wartet. Über bevorzugte **Wasserwerte** ist nichts bekannt, solange aber nicht zu hohe Härte- und pH-Werte erreicht werden, wird man mit Leitungswasser auskommen. Wichtig ist vor allem die Reinheit des Wassers, da der Indische Glaswels bei hoher organischer Belastung des Aquarienwassers schnell anfällig für Infektionen wird. Die Regelmäßigkeit des Wasserwechsels muß also gewährleistet sein. Die Wassertemperatur sollte zwischen 24 und 26 °C liegen.

Eine dichte **Bepflanzung** ist für den Indischen Glaswels wichtig, da sie ihm die nötige Sicherheit vermittelt. Bei Beunruhigungen verschwindet der ganze Trupp für kurze Zeit im Gebüsch. Da das Aquarium für diese tagaktiven Fische auch ruhig stärker beleuchtet sein darf, sind der Auswahl von Gewächsen kaum Grenzen gesetzt, zumal die Welse auch den Bodengrund nicht aufwühlen.

Auf die **Fütterung** muß einige Sorgfalt verwendet werden. Der Indische Glaswels nimmt nur solche Nahrung auf, die ihm die Strömung regelrecht vors Maul treibt. Mit Flockenfutter, aber selbst mit Gefrierfutter ist der Fisch kaum richtig zu ernähren, da alles, was einmal zu Boden gesunken ist, überhaupt nicht mehr beachtet wird. Einzig Lebendfutter bietet die richtige Ernährungsgrundlage; hierbei ist es dann aber fast gleichgültig, ob Mückenlarven, Wasserflöhe und ähnliches oder etwa ausgewachsene *Artemia* angeboten werden.

Eine **Vergesellschaftung** mit anderen friedlichen Fischen, die in etwa gleiche Ansprüche an den Pflegebehälter stellen, ist kein Problem. Allzu robuste Fische sollte man jedoch nicht dazugesellen, da sie den eher schüchternen Glaswels unterdrücken würden. Aus der großen Gruppe der Barben und Bärblinge sind aber viele Arten für ein solches Aquarium geeignet.

Bisher ist es nur wenige Male zu einer **Vermehrung** des Indischen Glaswelses im Aquarium gekommen. Auch sind die Einzelheiten nie beobachtet worden; es waren lediglich die auf einmal aufgetauchten Jungfische zu sehen. Am ehesten dürfte die Zucht gelingen, wenn man die Fische ohne Vergesellschaftung mit anderen Arten pflegt und mit richtiger Fütterung und penibler Wasserpflege in gute Kondition bringt.

Recht ähnlich in Aussehen und Ansprüchen sind die **afrikanischen Glaswelse** aus der Familie Schilbeidae zu behandeln. Empfehlenswert ist vor allem der kleine *Eutropiellus debauwi*, während man sich vor den *Schilbe*-Arten vorsehen sollte, denn sie können sehr groß werden und entpuppen sich dann als sehr effektive Räuber.

Nimmersatte Räuber: Stachelwelse

Die Stachelwelse (Bagridae) aus Afrika und Asien erinnern in vielem an die südamerikanischen Antennenwelse oder Pimelodiden. Schon das Äußere der Angehörigen beider Familien ähnelt einander sehr stark, aber auch die Lebensweise als nimmersatte Räuber

Rechts: Vertreter der Stachelwelse (hier eine Art der Gattung *Mystus*) erinnern an die südamerikanischen Antennenwelse.

Links: Der Hummelwels, *Leiocassis siamensis*, gehört zu den öfter im Handel angebotenen Stachelwelsen.

haben beide gemeinsam. Innerhalb der gattungs- beziehungsweise artenreichen Familie gibt es allerdings auch viele kleinbleibende Welse, die für die Aquaristik ausgesprochen interessant wären, wenn sie nur importiert würden. Hin und wieder gelangen allerdings einige Vertreter über den Export auch nach Deutschland. Insbesondere aus den asiatischen Gattungen *Leiocassis* und *Mystus* finden sich immer wieder einmal auch kleinere Arten im Handel.

Der Endgröße der Arten angemessene und versteckreich eingerichtete Behälter sind natürlich Voraussetzung für eine erfolgreiche Pflege, doch bieten diese Welse sonst kaum Probleme. Alle Arten sind Fleischfresser, müssen also mit Frost- und Lebendfutter versorgt werden. Inwieweit auch Flocken, Sticks oder Pellets genommen werden, muß man selbst ausprobieren.

Machen ihrem Namen Ehre: Großmaulwelse

Der deutsche Name der Großmaulwelse (Chacidae) trifft genau das wichtigste Charakteristikum der Fische: Die Maulspalte umfaßt die gesamte Kopfbreite. Daß ein solches Freßwerkzeug nicht zum Abraspeln von Algen dient, versteht sich. Diese Welse fressen alles Lebendige, das sie bewältigen können. Zur richtigen **Ernährung** sind also entsprechende Vorkehrungen nötig, um stets geeignete Futterfische oder Garnelen zur Verfügung zu

Großmaulwelse, hier *Chaca chaca*, fressen alles Lebendige, das sie bewältigen können.

haben, denn mit Wasserflöhen und Mückenlarven kommt man nicht weit.

Das **Aquarium** für diese tagsüber meist wie tote Blätter auf dem Grund liegenden oder in Höhlen versteckten Fische muß nicht besonders groß sein: 80 Zentimeter Kantenlänge reichen aus. Damit sich die Welse wohlfühlen, muß man ihnen Höhlen und Verstecke anbieten. Vielleicht kann man ihnen mit auf dem Bodengrund befindlichen Fallaub zusätzliche Deckung bieten. Das **Wasser** darf nicht zu hart und nicht alkalisch sein, doch scheinen die Welse hierin nicht besonders empfindlich zu sein. Die Wassertemperatur sollte bei 25 °C liegen. Bei der **Vergesellschaftung** muß man natürlich auf eine ausreichende Größe der anderen Fische achten. Die beiden bisher bekannten Großmaulwelse *Chaca chaca* und *Chaca bankanensis* werden 15 bis 20 Zentimeter lang.

32

Seit langem beliebt:
Panzer- und Schwielenwelse

Die mit Abstand meisten Fische, die in der Aquaristik verbreitet sind, stammen aus **Südamerika**; so verhält es sich auch bei den Welsen. Selbst im kleinsten Zoogeschäft sind immer mindestens vier oder fünf Panzerwelsarten und zwei oder drei verschiedene Harnischwelse vorrätig.

Wie in den tropischen Gebieten der anderen Kontinente sind auch in Südamerika die **Lebensräume** der verschiedenen Welse unterschiedlich beschaffen. In den reißenden Bächen der Andenhänge leben ebenso Welse wie in den langsam strömenden großen Flüssen des Amazonastieflandes oder den Sümpfen des Pantanal.

Zu der Familie der **Callichthyidae** gehören die aus den Aquarien nicht mehr wegzudenkenden *Corydoras*-Arten aus der Unterfamilie der Panzerwelse (Corydoradinae). Die beiden anderen Gattungen *Aspidoras* und *Brochis* sind ebenfalls beliebte Aquarienfische, wenn man sie auch nicht so häufig im Handel findet. Die andere Unterfamilie, die Schwielenwelse (Callichthyinae), stellt mit solchen Gattungen wie *Hoplosternum* oder *Dianema* ebenfalls aquaristische Veteranen. Da diese beiden Gruppen sich deutlich in Aussehen und Verhalten unterscheiden, sollen sie auch ein jeweils eigenes Kapitel bekommen.

Nicht alle mögen's heiß: die Panzerwelse

Panzerwelse sind von Venezuela bis nach Argentinien über das **gesamte Südamerika** östlich der Anden verbreitet und leben damit sowohl in Gebieten mit immer gleich langen Tagen und Nächten, wo nur die regenzeitlich bedingten hohen oder niedrigen Wasserstände Änderungen verursachen, als auch in subtropischen Bereichen, die deutlichen Temperaturschwankungen im Jahreslauf unterworfen sind.

Sie besiedeln kleine und größere **Gewässer** mit schwacher bis deutlicher Strömung, finden sich aber auch häufig in durch den sinkenden Wasserstand abgeschnittenen Restgewässern. Panzerwelse leben stets gesellig, das heißt in Trupps von nur wenigen Tieren, aber auch in Verbänden zu Dutzenden von Individuen. In steter Bewegung suchen sie den Gewässerboden mit ihren Barteln nach Freßbarem ab oder ruhen gemeinsam auf dem Grund oder auf höhergelegenen Aussichtspunkten. Ihre Nahrung besteht vornehmlich aus Klein- und Kleinst-

Die vielen Arten der Panzerwelse sind aus den Aquarien der Liebhaber nicht mehr wegzudenken.

Der Metallpanzer-wels, *Corydoras aeneus*, aus dem Nordosten Südamerikas ist schon lange ein beliebter Aquarienpflegling. Er ist nicht sehr empfindlich und fühlt sich bei Temperaturen von 24 bis 26 °C wohl.

lebewesen, die sie in den Ablagerungen auf dem Boden finden.

Die Größe des **Aquariums** muß sich nach der Endgröße und Anzahl der Panzerwelse und natürlich auch, da man *Corydoras* oft in Gesellschaft anderer Fische pflegt, nach deren Bedürfnissen richten. Eine Gruppe der zwergenhaft kleinen *Corydoras habrosus*, *Corydoras hastatus* oder *Corydoras pygmaeus* sowie der durchweg kleinwüchsigen *Aspidoras*-Arten läßt sich ohne weiteres in 60 oder 80 Zentimeter langen Behältern hervorragend unterbringen, während die vergleichsweise riesigen *Brochis*-Arten, aber auch großwüchsige *Corydoras*, etwa *Corydoras barbatus*, Aquarien von mindestens 120 Zentimetern verlangen. Die mittelgroßen *Corydoras* sollten in mindestens 80 oder 100 Zentimeter langen Aquarien gepflegt werden.

Bei der Pflege von Panzerwelsen kommt dem **Bodengrund** besondere Bedeutung zu: Er darf keinesfalls scharfkantig sein, da sich die Tiere ihre Barteln sonst verletzen, eventuell sogar abschneiden können, was die Fische nicht nur behindert, sondern in vielen Fällen auch zu ihrem Tode führen kann. Feiner bis grober

34

Der Schabracken-Panzerwels, *Corydoras barbatus*, zählt zu den größten Arten der Gattung. In der Natur erreicht er eine Endgröße von zwölf Zentimetern, im Aquarium bleibt er meist ein wenig kleiner. Die Männchen sind auffälliger gefärbt und schlanker als die Weibchen und tragen auf den Wangen zahlreiche Odontoden (*barbatus*, lat. = bärtig).

Sand oder feiner Kies sind gut geeignet. Um die Grundfläche optisch aufzulockern, kann man die verschiedenen Körnungen ja auch mischen und ein paar Händevoll größerer Kiesel untermengen.

Bei der weiteren **Einrichtung** des *Corydoras*-Aquariums müssen auch ausreichend Versteckmöglichkeiten vorgesehen werden. Dabei geht es nicht um regelrechte Höhlen, wie bei anderen Welsen, sondern eher um Unterstände und schattige Zonen, da eine allzu große Helligkeit die Welse scheu werden läßt. Panzerwelse ruhen gern unter dem Schutz von Pflanzenblättern oder Wurzelüberhängen im Hintergrund des Aquariums, bevor sie sich auf gemeinsame Streifzüge durch das gesamte Aquarium begeben.

Panzerwelse verfügen, wie viele andere Welse auch, über eine zusätzliche Atmungsmöglichkeit. In regelmäßigen Abständen schwimmen alle Tiere eines Trupps nacheinander zur Wasseroberfläche und nehmen mit dem Maul Luft auf. Dadurch sind sie in der Lage, auch in sauerstoffärmerem Wasser zu überleben. Das darf aber keinesfalls dazu verleiten, **Filterung und Sauberkeit** stiefmütterlich zu behandeln. Ein großzügig dimensionierter Filter und der regelmäßige Wasserwechsel sind dem Gedeihen der Fische außerordentlich förderlich.

Bezüglich des pH-Werts und der Wasserhärte sind Panzerwelse nicht sehr kritisch. Selbst in härterem **Wasser** ist eine langjährige

35

Zwergpanzerwelse, wie der hier abgebildete *Corydoras hastatus*, zeigen ein ganz anderes Schwimmverhalten als die größeren Arten. Sie halten sich oft ohne Bodenkontakt im freien Wasser auf und lassen sich zum Ausruhen auf Pflanzenblättern in den oberen Wasserregionen nieder.

Schema eines Panzerwelses der Gattung *Corydoras*. Deutlich sind die Knochenplatten zu sehen, die diese Fische anstelle der Schuppen schützen.

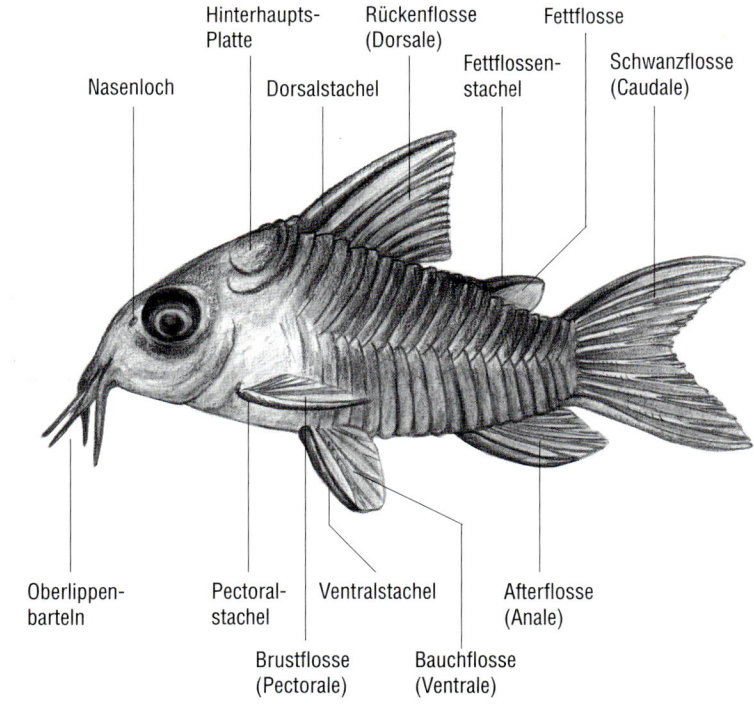

Hinterhaupts-Platte
Rückenflosse (Dorsale)
Fettflosse
Nasenloch
Dorsalstachel
Fettflossenstachel
Schwanzflosse (Caudale)
Oberlippenbarteln
Pectoralstachel
Ventralstachel
Afterflosse (Anale)
Brustflosse (Pectorale)
Bauchflosse (Ventrale)

Corydoras-Arten, die
zumindest zeitweise
bei 18 bis 20 °C
gepflegt werden soll-
ten:
Corydoras barbatus,
Corydoras erhardti,
Corydoras ellisae,
Corydoras macropterus,
Corydoras nattereri,
Corydoras paleatus,
Corydoras prionotos,
Corydoras undulatus.

Corydoras adolfoi, ein
wegen seiner schö-
nen Färbung belieb-
ter Panzerwels.

erfolgreiche Pflege der meisten Arten kein Problem. Vorsicht sollte man bei Wildfängen walten lassen, die noch keine generatio-
nenlange Akklimatisierung an die Aquarienbedingungen hinter
sich haben. Hier empfiehlt es sich, nicht zu hartes und kein alkali-
sches Wasser zu verwenden. Die Schadstoffbelastungen durch
Ausscheidungen der Fische, Futtereste und ähnliches hält man
durch den regelmäßigen Teilwasserwechsel sowieso niedrig.

Besondere Beachtung verdient hingegen die **Wassertemperatur**. Wie schon erwähnt, reicht die Verbreitung der Corydoras-
Arten vom tropischen Regenwald der äquatorialen Zone bis in die
gemäßigteren Breiten im Süden des Subkontinents. Dementsprechend sind auch die Ansprüche an die Temperatur verschieden.
Während Arten aus dem stets gleichwarmen Amazonasgebiet
auch bei gleichbleibenden Wärmegraden von 25 bis 27 °C gehalten werden, würden die aus Südbrasilien und Argentinien stammenden Panzerwelse solche Werte nur schlecht vertragen. Gerade der meistverkaufte Panzerwels Corydoras paleatus ist bei nied-
rigeren Temperaturen zu pflegen; eigentlich benötigte er
angesichts unserer heutigen Wohnraumtemperaturen überhaupt

Corydoras sterbai ist erst in jüngerer Vergangenheit für die Aquaristik entdeckt worden. Seine vergleichsweise prächtigen Farben haben ihn zu einem begehrten Pflegeobjekt im Hobby gemacht.

keine Heizung im Aquarium. Für ihn und andere aus ähnlichen Klimagebieten stammenden *Corydoras* sind allerdings Schwankungen der Wassertemperatur wichtig, wie er sie als Jahreszeiten in seiner Heimat durchlebt. Ohne eine solche Rhythmik lassen sich diese Arten oft auch gar nicht in Laichstimmung versetzen.

Die **Bepflanzung** wurde anläßlich der Schutzbedürftigkeit der Fische bereits erwähnt. Großblättrige Gewächse wie *Anubias*, viele *Cryptocoryne*, *Echinodorus* spenden nicht nur willkommenen Schatten, oft werden auch die Eier von den Panzerwelsweibchen an den Blättern angeheftet. Mit feinfiedrigen Gewächsen (zum Beispiel *Cabomba* und *Myriophyllum*) wird man nur dann Glück haben, wenn die Filterung immer in der Lage ist, von den Welsen aufgewirbelte Partikel schnell aus dem Wasserkreislauf zu entfernen, damit sie sich nicht auf den feinen Blättern festsetzen können und so früher oder später zum Absterben der Pflanzen führen. Von einigen Arten werden Javamoos, *Myriophyllum* und ähnlich feinblättrige Gewächse allerdings zum Deponieren des Laiches bevorzugt, man muß dann eben auf die entsprechende Sauberkeit mehr Wert legen.

Die Wasseroberfläche zumindest teilweise abdeckende Schwimmpflanzen schaffen ebenfalls schattigere Bereiche, in denen sich die Fische unbefangener verhalten als in grell beleuchteten Zonen.

Die **Ernährung** der Panzerwelse ist bei einiger Überlegung überhaupt nicht schwierig. Mit Lebend- und Frostfutter als Hauptbestandteil und zusätzlicher Abwechslung durch gutes Flocken- oder Granulatfutter bringt man die Fische in gute Kondition. Vor-

Corydoras bolivianus wird im Handel gelegentlich als *Corydoras latus* angeboten.

Panzerwelse vermehren

Panzerwelse sind in unterschiedlichen Klimaregionen Südamerikas zu Hause. Dementsprechend unterscheiden sich
auch die Zeitpunkte, zu denen die Fortpflanzung die größten Aussichten bietet, daß die Jungfische bestmögliche
Bedingungen vorfinden. Die Fische reagieren auf Anzeichen,
sogenannte »Zeitgeber«, für den Eintritt der günstigsten
Fortpflanzungsbedingungen. Verändert sich die Umwelt
nicht, kommen Panzerwelse nicht in Laichstimmung.

Wie eingangs schon dargelegt, sind es im tropischen Amazonien mit den Regenzeiten Hoch- und Niedrigwasser, die
den Jahreslauf prägen; im subtropischen und gemäßigten
Süden machen, wie bei uns, die Temperaturen die Jahreszeiten aus. Voraussetzung für einen erfolgversprechenden Zucht-
versuch ist also die genaue Kenntnis der Herkunft der Welse.

Am einfachsten sind die durch die Jahreszeiten bedingten
Temperaturveränderungen nachzuahmen. Die im Text auf-
geführten *Corydoras*-Arten, die zumindest zeitweise niedrige-
re Wassertemperaturen benötigen, reagieren auf eine entsprechende Temperaturveränderung meist recht zuverlässig.
Ein Wasserwechsel mit kaltem Leitungswasser, der die Wassertemperatur im Aquarium von einem höheren Wert von
vielleicht 23 °C um 4 oder 5 °C sinken läßt, reicht zur Stimu-
lierung der Fische meist aus.

Auch bei den Tropenbewohnern, die gleichbleibende Temperaturen benötigen, ist in vielen Fällen ein umfangreicherer
Wasserwechsel (hier mit gleichwarmem Wasser) als Auslöser
der Balz ausreichend. Nun zeigt den Fischen die Änderung
der Wasserwerte – schlicht das frische Wasser – an, daß der
geeignete Zeitpunkt gekommen ist. Unterstützend wirkt es,
wenn man die sonst zur Pflege notwendigen, bitte regelmäßig vorgenommenen Wasserwechsel für einige Wochen
aussetzt, damit die dann stimulierende Änderung umso
drastischer ausfällt.

Natürlich gibt es auch viele Panzerwelsarten, die sich als
recht knifflig erwiesen haben. Ausgefuchste *Corydoras*-Züch-
ter haben mit den unterschiedlichsten listenreichen Methoden aber bisher fast immer Erfolg gehabt. Ein Vorgehen, das
immerhin versucht werden mag, ist die Kirschbaummethode, die die jahreszeitlichen Änderungen der Heimatgebiete
der Fische möglichst detailgetreu imitiert.

Wer sich näher mit
der Vermehrung von
Panzerwelsen
beschäftigen möchte,
findet in dem Buch
»Panzerwelse« von
Hans-Georg Evers
(siehe Literaturver-
zeichnis) genauere
Angaben.

Die Bauchflossen der *Corydoras*-Weibchen (unten) sind abgerundet und auch meistens etwas größer, vermutlich, um die Eier besser transportieren und anheften zu können.

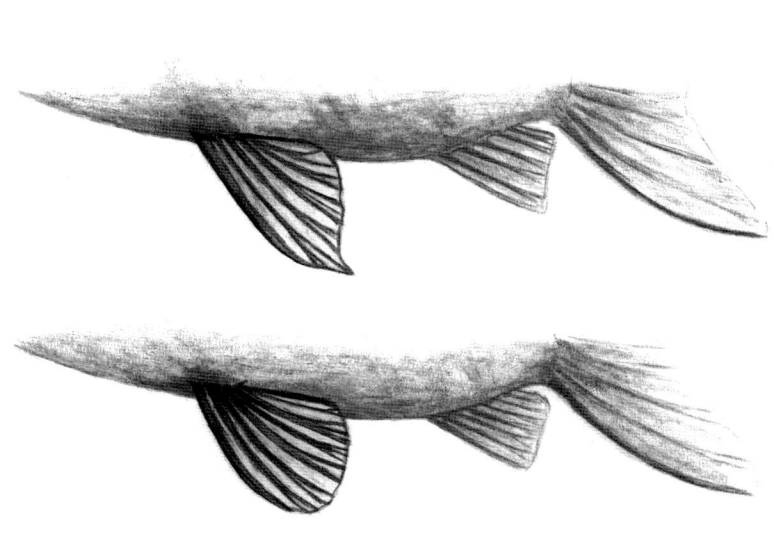

sicht ist lediglich bei der Verwendung von roten Mückenlarven und *Tubifex* geboten, die zwar sehr gern gefressen werden, aber je nach Herkunft Schadstoffe enthalten können, die bei zu reichlicher und häufiger Verfütterung zu Schädigungen bei den Fischen führen können. *Tubifex* und rote Mückenlarven sollten daher eher sparsam gereicht werden; es gibt genügend andere Möglichkeiten. Wasserflöhe aller Arten, *Artemia*, *Cyclops*, Enchyträen, weiße und schwarze Mückenlarven sind – lebend oder tiefgefroren – ausgezeichnete Futtertiere.

In diesem Zusammenhang sei nochmals an die immer noch anzutreffende falsche Vorstellung erinnert, daß Panzerwelse im Aquarium, vor allem im sogenannten »Gesellschaftsaquarium«, so etwas wie die **Müllschlucker** oder die Putzkolonne wären. Das ist grundfalsch! *Corydoras* brauchen erhebliche Futtermengen und verlangen dieselbe Aufmerksamkeit und Sorgfalt wie die anderen Fische im Aquarium.

Da alle Panzerwelse ausgesprochen friedfertig sind und mit ihrem kleinen Maul selbst wesentlich kleinere Fische nicht als Beute betrachten können, ist eine **Vergesellschaftung** mit anderen Arten sehr gut möglich. Weil sich die Welse bevorzugt am Boden aufhalten, bietet sich in erster Linie eine Belebung der übrigen Wasserzonen an, wofür die aus denselben Lebensräumen stammenden Salmler ausgezeichnet geeignet sind. Der Größe der Welse angemessene kleinere (*Apistogramma*, *Laetacara* oder *Mikrogeophagus* etwa) oder auch größere (*Heros*, *Mesonauta*, *Pterophyl-*

lum, Symphysodon und andere) friedliche Buntbarsche kommen aber ebenso in Betracht wie Welse aus anderen Familien. So sind *Otocinclus* oder kleiner bleibende *Ancistrus* mit ihren gänzlich anderen Lebensgewohnheiten und Nahrungsansprüchen keine Konkurrenz zu *Aspidoras* und klein bleibenden *Corydoras* und geraten nie in Konflikt mit ihnen. Die großwüchsigen *Corydoras*- und *Brochis*-Arten kommen auch mit robusteren Fischen zurecht.

Die **Fortpflanzung** der meisten gängigen *Corydoras*-Arten gelingt unter Aquarienbedingungen, wenn man bei der grundsätzlichen Pflege genügend Aufmerksamkeit hat walten lassen und die Fische gut gediehen sind. Wichtig ist ein günstiges Geschlechterverhältnis, das bei den Panzerwelsen einen Männchenüberhang voraussetzt. Da man aber sowieso immer mehrere Tiere pflegen muß, wird sich auch das notwendige »Trio« finden lassen.

Die **Geschlechtsunterschiede** sind im Vergleich meist leicht auszumachen: Die Weibchen werden fast immer größer und wirken selbst ohne Laichansatz schon rundlicher als die etwas kantigeren, spitzköpfigeren Männchen. Ein weiteres Merkmal ist oft die unterschiedliche Form der Bauchflossen, die bei den Weibchen größer und gerundet sind, vermutlich um die befruchteten Eier besser transportieren und anheften zu können, während die der Männchen eher spitz nach hinten zuläuft. Auch die Brustflossen der Männchen sind etwas größer, der erste Flossenstrahl ist dicker und länger. Oft ist sogar die Rückenflosse der Männchen größer als die der Weibchen.

Selbst wenn man Panzerwelse ohne andere Fische im Aquarium pflegt, werden aus einer Paarung nur wenige Jungfische hervor-

Bei der Paarung klemmt das *Corydoras*-Männchen die Barteln des Weibchen mit seinem Brustflossenstachel ein.

Salinenkrebschen

Als Erstfutter für die Jungfische fast aller Welsarten haben sich die Nauplien (Larven) von *Artemia* sp., dem Salinenkrebschen, bewährt. Dieses bis zu 15 Millimeter lange Krebschen kommt in den Salzgewässern des Binnenlandes vor, etwa in den großen Salzseen der USA. *Artemia* ist in der Lage, Cysten (werden im Handel als »Eier« bezeichnet) zu produzieren, die vollkommene Trockenheit jahrelang überstehen können. Diese »Dauereier« werden regelrecht geerntet und im Zoofachhandel in Gebinden von wenigen Millilitern bis zu Litern verkauft. Der Aquarianer kann damit termingerecht und jederzeit ein hervorragendes Jungfischfutter selbst »herstellen«. Dazu sind nur eine Luftpumpe, eine Wasserflasche und Luftschlauch mit Stopfen erforderlich. Diese Schlauch- und Verschlußgarnitur gibt es für wenig Geld im Fachhandel.

Die Wasserflasche wird zur Hälfte bis zu zwei Dritteln mit Leitungswasser gefüllt, dem ein bis zwei Teelöffel jodfreies Kochsalz zugesetzt worden sind. Je nach gewünschter Nauplien-Menge gibt man eine Messerspitze bis zu mehrere Teelöffeln *Artemia*-Cysten hinzu. Nun werden Pumpe sowie Schläuche angeschlossen und die Flasche so stark belüftet, daß das Wasser ständig in starker Bewegung ist.

Es dauert ein oder zwei Tage, bis die Nauplien geschlüpft sind und verfüttert werden können. Je wärmer das Wasser ist (20 bis 30 °C), desto eher erscheinen sie. Man stellt nun die Pumpe ab und wartet einige Minuten. Die leeren Eihüllen steigen zur Oberfläche, und die winzigen rosafarbenen Nauplien sammeln sich am Boden und können mit einem Luftschlauch abgesaugt werden.

Mit einem Sieb (ebenfalls im Handel vorrätig) trennt man die Nauplien vom Wasser, das zurückgegossen wird, spült das Futter kurz unter Leitungswasser ab, damit kein Salz ins Aquarium gelangt, und kann nun füttern. Es empfiehlt sich, immer mindestens zwei Flaschen, die man im Abstand von ein oder zwei Tagen neu befüllt, in Betrieb zu haben, damit nicht plötzlich eine Versorgungslücke auftritt.

Die ausgewachsenen Krebschen sind als Tiefkühlfutter erhältlich. Sie stellen ein ausgezeichnetes Futter selbst für größere Fische dar, da sie ballaststoffreich sind und viele Karotine enthalten, die die Rotfärbung der Fische günstig beeinflussen.

Mit den »Dauereiern« der Salinenkrebschen läßt sich jederzeit genügend kleines Lebendfutter für die Jungfischaufzucht beschaffen.

Schmerlenpanzer-
welse (hier *Aspidoras
pauciradiatus*) sind
nicht so häufig im
Handel zu finden.
Bei ihrer Pflege ist
ein feines Boden-
substrat besonders
wichtig, denn sie
graben sich gern in
den Grund ein.

gehen, weil viele *Corydoras*-Arten ihre **Eier** nach der Ablage **fressen**. Sind es nicht die Eltern, dann stürzen sich die Artgenossen
und natürlich die eventuell im selben Aquarium vorhandenen
anderen Fische auf dieses willkommene Zubrot. Möchte man das
so weit als möglich verhindern und wenigstens einige Jungfische
heranwachsen sehen, bieten sich verschiedene Möglichkeiten an.

Die erste Variante setzt das Vorhandensein eines zweiten Aquariums voraus, in das man die Fische setzt, die bereits im derzeiti-
gen Pflegebehälter Interesse aneinander bekundet haben. Dieses
Zuchtaquarium hat man bereits nach den Ansprüchen der Fische
eingerichtet und mit geeignetem Wasser befüllt. Nach einer kur-
zen Eingewöhnungszeit sollten die Tiere dann ablaichen. Die
Eltern werden möglichst direkt danach herausgefangen, und man
kann die Jungen im Zuchtaquarium aufziehen.

Bei der zweiten Möglichkeit muß man mit Schere und Rasier-
klinge bereitstehen, um die angehefteten Eier entweder vorsichtig
von den Scheiben schaben (vorsichtig mit der Fingerspitze geht
es meist besser) zu können oder mitsamt der Pflanzenblätter in
einen kleineren **Schlupfbehälter** umzuquartieren. Der sollte fein-

44

Brochis splendens, im Deutschen als Smaragdpanzerwels bezeichnet, ist die einzige Art der Gattung, die häufiger angeboten wird.

perlig belüftet werden, und auch ein pilzhemmender Wasserzusatz ist empfehlenswert. Nicht befruchtete Eier werden ausgelesen.

Die dritte, einfachste und den Bedürfnissen der Fische am ehesten entsprechende Lösung ist das große **Artaquarium**, in dem außer den Panzerwelsen keine anderen Fische gepflegt werden. Hierfür eignen sich besonders die Zwergpanzerwelse, die keine großen Behälter benötigen und auch ihren Eiern nicht in dem Maße nachstellen, wie man das von anderen Arten kennt. Außerdem sind die kleinen *Corydoras*-Arten am besten im **Daueransatz** zu vermehren; sie laichen mit Unterbrechungen das ganze Jahr über.

Aber auch bei einigen größeren Arten kann man Glück haben, wenn das Aquarium wirklich groß und vor allem stark strukturiert eingerichtet ist, das heißt die verborgen angehefteten Eier durch die vielen Pflanzen und eher unzugänglichen Stellen der Aufmerksamkeit der erwachsenen Fische zumindest manchmal entgehen. Bei dieser Alleinhaltung kommen einige Jungfische durch, die sich ab einer bestimmten Größe problemlos in die Gruppe der Erwachsenen einfügen.

Die bevorstehenden **Paarungen** kündigen sich zunächst durch die zunehmende Ruhelosigkeit der Männchen an, die beständig hin- und herzuschwimmen beginnen. Nach einiger Zeit schließen sich die Weibchen an und werden von den Männchen getrieben. Die eigentliche Paarung wird durch das Festklemmen der Weibchen eingeleitet. Dabei schwimmt ein Männchen vor das Maul eines Weibchens und klemmt mit der Brustflosse die Barteln des Weibchens an seine Seite. Das Weibchen läßt einige Eier in die aus

45

den zusammengefalteten Bauchflossen gebildete Tasche gleiten, das Männchen gibt seine Spermien ab. Das Weibchen schwimmt zu einer Unterlage, die manchmal vorher schon ausgesucht und geputzt worden ist, und heftet die Eier dort an. Das wiederholt sich über Stunden und oft auch Tage, bis der Laichvorrat des Weibchens erschöpft ist. Dabei paart es sich öfter auch mit verschiedenen Männchen.

Je nachdem, welche Methode man bevorzugt, verfährt man nun mit den Eiern. Nach drei bis fünf Tagen schlüpfen die **Jungen**, ernähren sich aber noch etwa zwei weitere Tage von ihrem Dottersack. Jetzt muß das geeignete Futter vorhanden sein. In Frage kommen in erster Linie frisch geschlüpfte *Artemia*-Nauplien (siehe Kasten); feinst zerriebenes Flockenfutter sollte man nur als Notbehelf einsetzen. Nach kurzer Zeit bewältigen die kleinen Welse auch größere Futterbrocken, so daß man dann zerhackte *Tubifex* oder Enchyträen anbieten kann.

Zieht man die kleinen *Corydoras* in einem gesonderten Behälter auf, muß man auf peinlichste **Sauberkeit** achten und durch einen häufigen und regelmäßigen Wasserwechsel sowie durch Abwischen der Scheiben eine Massenvermehrung von Einzellern verhindern, die den Jungfischen arg zu schaffen machen könnten.

Ihre **Endgröße** haben die meisten Arten nach einem halben bis einem Jahr erreicht; sie sind dann geschlechtsreif. Panzerwelse werden bei guter Pflege mindestens fünf Jahre alt.

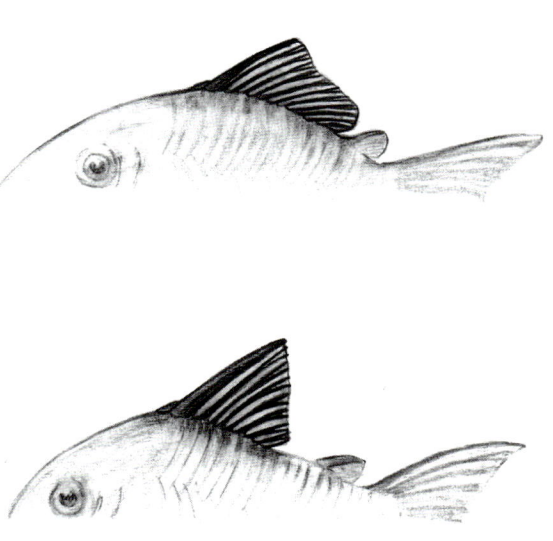

46

Dianema urostriata unterscheidet sich von Dianema longibarbis vor allem durch die gestreifte Schwanzflosse. Beide Arten lassen sich gut in Gesellschaftsaquarien mit Salmlern, kleinen Buntbarschen und anderen Welsen zusammen pflegen.

Außer *Corydoras* gehören noch zwei nahe verwandte Gattungen zur Unterfamilie der Panzerwelse: die kleinen **Aspidoras**, im Deutschen auch als Schmerlenpanzerwelse bezeichnet, und die größeren **Brochis**.

Aspidoras-Arten lassen sich anhand ihrer geringeren Größe, ihrer gestreckteren Gestalt und ihrer größeren Aktivität von *Corydoras* unterscheiden. Auch ist ihr Stirnprofil steiler, der Kopf wirkt kürzer als bei gleich großen *Corydoras*-Jungfischen. Die Pflege dieser kleinen, lebhaften Fische verlangt ähnliche Voraussetzungen wie die der anderen Panzerwelsen. Lediglich bei der Beschaffenheit des Bodengrundes muß man auf besonders feines Material Wert legen, denn *Aspidoras* graben sich manchmal gern ein.

Auch jüngere und damit noch kleinere **Brochis** erkennt man schnell an der langen, vielstrahligen Rückenflosse. Ausgewachsen wirken sie höher und gedrungener als *Corydoras*-Arten, sie werden auch größer als die meisten anderen Panzerwelse. Aufgrund dieser Größe und ihrer Robustheit kann man sie auch mit größeren friedlichen Fischen vergesellschaften. Sonst sollte man sie wie die *Corydoras*-Arten behandeln.

Schaumnestbauer: die Schwielenwelse

Die **Schwielenwelse** (Callichthyinae) bilden neben den Panzerwelsen die zweite Unterfamilie der Callichthyidae. Sie sind in Südamerika ebenfalls weit verbreitet. Aufgrund ihrer Ausdauer leben sie aber auch noch unter Bedingungen, die kaum ein anderer Fisch überstehen würde. Zwei Fähigkeiten kommen ihnen

Die Kirschbaummethode

Oft hilft die Nachahmung der natürlichen Trocken- und Regenzeiten, um Fische zum Ablaichen zu bewegen.

Viele Fischarten der Tropen sind auf ein bestimmtes Signal angewiesen, das sie veranlaßt abzulaichen. Da die besten Überlebenschancen für ihre Nachkommen in der nahrungsreichen Regenzeit mit den entsprechenden Überschwemmungen liegen, pflanzen sich die Fische bei einsetzendem Regen und steigendem Wasserstand fort. Das macht sich der Aquarianer bei der Kirschbaummethode (nach Prof. Kirschbaum, der sie entwickelt hat) zunutze:

Zunächst wird der Wasserstand kontinuierlich über einen längeren Zeitraum von einigen Tagen bis zu mehreren Wochen, das muß man ausprobieren, gesenkt. Dann wird mit deutlich weicherem Wasser ebenso langsam wieder aufgefüllt. Die Temperatur des zugegebenen Wassers kann niedriger sein als die Beckentemperatur, auch die Imitation des Regenfalls durch die Verwendung eines Verrieselungsrohres ist oft hilfreich.

Nach neueren Untersuchungen sollen bisher zur Gattung *Hoplosternum* gerechnete Arten in die neu geschaffene Gattung *Megalechis* gehören. Da sich der neue Name bisher in Aquaristik und Handel nicht durchgesetzt hat, bleiben wir hier bei *Hoplosternum*.

dabei zugute: Wie die Panzerwelse verfügen sie über eine zusätzliche Darmatmung, sind also nicht auf hohe Sauerstoffkonzentrationen im Wasser angewiesen, und sie können kurze Strecken über Land zurücklegen, indem sie sich mit Hilfe ihrer Brustflossenstrahlen abstützen und dabei vorwärtsschlängeln. Meist sind sie die letzten Überlebenden in Restgewässern, die während der regenärmeren Zeit austrocknen.

Das soll nun für den Aquarianer nicht bedeuten, daß er Schwielenwelse in kleinen schlammigen Behältern unterbringen kann, denn schon die Größe der meisten Arten macht **Aquarien** von mindestens anderthalb Meter Länge nötig; immerhin können *Callichthys*- und *Hoplosternum*-Arten zwischen 18 und 20 Zentimeter lang werden. Für die kleinen *Dianema longibarbis* mögen 80 Zentimeter lange Behälter ausreichen. Anders als die Panzerwelse halten sich die Schwielenwelse häufig im freien Wasser auf, wo sie mit ihren nach vorne gerichteten Barteln alles auf Freßtauglichkeit untersuchen. Dabei bleiben sie aber immer friedlich und belästigen andere Fische nicht. Die Aquarieneinrichtung sollte also neben dunklen Zonen auch viel freien Schwimmraum bieten.

Ein guter Filter ist bei dem Nahrungsumsatz der Fische ebenfalls Voraussetzung, und die Temperatur des Wassers sollte mindestens 25 °C betragen. Die übrigen Wasserwerte sind kaum von Belang; um den Fischen aber etwas Gutes zu tun, sollte man zumindest auf niedrige Nitrat- und Phosphatwerte achten,

48

Bei den Männchen der Schwielenwelse der Gattungen *Callichthys* und *Hoplosternum* ist der erste Brustflossenstrahl der Männchen verdickt und orangefarben bis rostrot. Im Bild ist ein Weibchen von *Hoplosternum thoracatum* zu sehen.

den regelmäßigen Wasserwechsel also auch hier nicht vergessen.

Eine **Bepflanzung** mit großblättrigen Gewächsen, *Echinodorus*-Arten etwa, ist bei der Pflege der größer werdenden Schwielenwelse durchaus möglich, während empfindliche Pflanzen wegen des manchmal ungestümen Wesens der Fische kaum gedeihen werden. Anders sieht es bei *Dianema*, insbesondere dem nur ungefähr acht Zentimeter lang werdenden Wels *Dianema longibarbis* aus. Hier kann man sich ohne weiteres als Unterwassergärtner austoben.

Schwielenwelse sind wie ihre nächsten Verwandten, die Panzerwelse, keine Vegetarier. Sie benötigen **fleischliche Kost**, die ihrem Freßapparat und der Fischgröße entsprechend eher klein sein muß. Gut geeignet sind Mückenlarven, größere Wasserflöhe, Enchyträen, *Tubifex* und anderes aus dieser Größenklasse. Ob das Futter lebend oder als aufgetaute Gefrierware gereicht wird, ist zweitrangig. Ebenso gern werden Flocken- und Granulatfutter gefressen. Schwielenwelse sind also keine kritischen Kostverächter, brauchen aber viel Nahrung.

Für die **Vergesellschaftung** lassen sich keine Regeln aufstellen. Ein ausgewachsener *Callichthys* kann schon einmal, wenn auch mehr aus Versehen, einen langsamen Neonsalmler verspeisen, während das einem kleinen *Dianema* nicht möglich ist. Die generelle Friedfertigkeit der Fische ermöglicht eine Haltung der verschiedensten anderen Arten im selben Aquarium, wenn man ein wenig auf die richtigen Größenverhältnisse achtet. Unter den Salmlern, Buntbarschen und anderen Welsen findet sich eine breite Auswahl von in Frage kommenden Fischen.

Die planmäßige **Vermehrung** der Schwielenwelse ist gar nicht so schwer, wenn man nur weiß, wie man die Tiere zum Ablaichen bewegt. Sie sind, wie viele Fische der Tropen, auf einen

Oben: Nicht nur
Labyrinthfische, son-
dern auch Schwie-
lenwelse bauen zur
Brutpflege Schaum-
nester.

Links: *Corydoras-
trilineatus*, ist recht
leicht im Aquarium
zu vermehren.

Zeitgeber angewiesen, der ihnen das Signal zur Fortpflanzung gibt, wenn die Bedingungen für ein Überleben der Nachkommen am günstigsten sind. Meist ist das die einsetzende Regenzeit mit steigenden Wasserständen und charakteristischen Änderungen der Wasserwerte. Wie bei den anderen Aspekten auch, erweisen sich die Schwielenwelse hier als genügsam; ihnen reicht fast immer die bloße Imitation des Regenfalls, um sie in die entsprechende Stimmung zu versetzen (siehe auch Kasten »Kirschbaummethode« auf Seite 48). Man kann also das Aquarienwasser in eine Gießkanne füllen und dann von oben wieder in das Becken rieseln lassen.

Sind die Fische in guter Verfassung, reagieren die Männchen auf eine für Welse eher überraschende Weise: Sie bauen, ähnlich wie viele Labyrinthfische, Schaumnester an der Wasseroberfläche. Dazu nehmen sie Luft von der Oberfläche auf und lassen sie in kleinen, von einem speichelähnlichen Sekret umgebenen Bläschen aus den Kiemen wieder aufsteigen. Als Nistplatz wird die Unterseite eines großen schwimmenden Blattes gewählt. Dort sammeln sich die Bläschen und bilden ein schaumiges Gebilde von einiger Haltbarkeit, das zudem immer wieder vom Männchen ergänzt wird. Im Aquarium haben sich *Aspidistra*- oder *Philodendron*-Blätter bewährt; eine andere Möglichkeit ist eine dunkel (grün) gefärbte Styropor-Platte, die fast immer angenommen wird.

Ist der Nestbau beendet, wird das Weibchen angelockt und zum Nest geleitet. Ist es noch nicht laichbereit, hat es mit der Friedfertigkeit ein Ende, denn dann wird es ausdauernd vom Männchen verfolgt; es sollte sich also in Sicherheit bringen können. Mehrere hundert Eier sind das Ergebnis der Paarungen, es ist also zu überlegen, wo und womit man den Jungfischsegen aufziehen will, bevor man zur Gießkanne greift. Das Männchen bewacht das Nest mit dem Gelege und vertreibt andere Fische rigoros aus seiner Nähe. Auch das Weibchen wird nicht mehr geduldet. Die je nach Art und Temperatur nach drei bis sechs Tagen geschlüpften Larven haben keinen großen Dottersack und müssen meist schon einen Tag später mit erstem Futter versorgt werden. Mit den bewährten *Artemia*-Nauplien ist das allerdings nicht schwierig; man muß nur die entsprechende Menge bereithalten.

Seit zehn Jahren:
der Harnischwels-Boom

Die **Harnischwelse** oder **Loricariiden** spielen eigentlich erst seit den späten achtziger Jahren eine größere Rolle in der Aquaristik, obwohl sich die Wissenschaft schon seit über 100 Jahren über die große Artenzahl dieser Familie im klaren war. Der erste Harnischwels, der den Liebhabern bekannt wurde, ist der bereits 1921 erstmalig importierte Antennenwels aus der Gattung *Ancistrus*. Erst lange nach dem Zweiten Weltkrieg tauchten die Hexenwelse (*Rineloricaria*) im Handel auf, blieben aber zunächst Fische für Spezialisten, denen allerdings bald die planmäßige Vermehrung der Fische gelang.

Der eigentliche Boom setzte etwa 1988 ein, als immer mehr und immer abenteuerlicher aussehende Harnischwelse vor allem aus Brasilien nach Europa, in die USA und nach Japan exportiert wurden. Auf einmal ergab sich das Problem der sicheren Identifizierung der Welse. Der überwiegende Teil der wissenschaftlichen Literatur war den Aquarianern unbekannt oder nicht zugänglich. Aber selbst mit den Beschreibungen ließen und lassen sich die lebenden Fische nicht immer sicher ansprechen. Die Amateure holten jedoch auf und merkten bald, daß ein Großteil der neu importierten Welse auch der Wissenschaft bis dato unbekannt war. Angesichts der Fülle der neu eingeführten Loricariiden ist das auch kein Wunder: In den letzten zehn Jahren sind etwa 250 Arten gefangen

Um welche *Ancistrus*-Art es sich hier handelt, läßt sich nicht sicher feststellen. Die Fische pflanzen sich ohne weiteres auch im Gesellschaftsaquarium fort. Will man mit ihnen Zuchtversuche anstellen, empfiehlt sich weiches und zumindest leicht saures Wasser.

Was sind L-Nummern?

Die L-Nummern wurden von der DATZ eingeführt, um eine einheitliche Benennung der neu eingeführten und nicht zu identifizierenden oder noch unbekannten Harnischwelse zu ermöglichen. In den Exportlisten und Händlerangeboten tauchten dieselben Fische unter den verschiedensten, oft abenteuerlichen Bezeichnungen auf, die mehr Verwirrung stifteten als daß sie ein sicheres Identifizieren der Fische erlaubte. Die Vergabe und Handhabung der Nummern ist dabei ganz einfach: Das L steht für Loricariidae, also Harnischwelse, und die anschließende Zahl für die fortlaufende Numerierung in der Reihenfolge der Veröffentlichung.

Eine L-Nummer muß nicht bedeuten, daß die Welsart noch nicht wissenschaftlich beschrieben ist. Sie kann sogar dann sinnvoll sein, wenn der Loricariide dem Erscheinungsbild einer bestimmten Art zwar entspricht, aufgrund seines Fundortes ihr möglicherweise aber gar nicht angehört. Ein gutes Beispiel dafür sind die vielen schwarzen, weiß getüpfelten *Ancistrus*-Arten, die sich einander alle ausgesprochen ähnlich sehen, aber aus den verschiedensten Gegenden Südamerikas stammen. Kennt man die L-Nummer, ist es möglich, Tiere derselben Form hinzuzukaufen, wenn man etwa züchten möchte und das richtige *Ancistrus*-Weibchen fehlt.

Ergibt sich später einmal die genaue Identifizierung der Welsart, weil man den Fisch sicher erkannt hat oder weil er mittlerweile wissenschaftlich beschrieben worden ist, wird die L-Nummer hinfällig. L-Nummern sind also nichts Endgültiges, sondern ein Hilfsmittel zur Verständigung innerhalb der gesamten Aquaristik, damit der Fänger am Rio Xingu auch wirklich denselben Fisch meint wie der Aquarianer hierzulande.

Harnischwelse, die nicht eindeutig einer bestimmten Art zuzuordnen sind, werden heute auf der ganzen Welt mit L-Nummern bezeichnet.

und importiert worden, und ein Ende ist noch lange nicht abzusehen. Um die Verwirrung in möglichst engen Grenzen zu halten, haben sich die »L-Nummern« bewährt, die in der gesamten Branche angewendet werden (siehe Kasten »Was sind L-Nummern?«).

Harnischwelse sind in Lateinamerika von Panama bis nach Argentinien **verbreitet** und haben mit ihrer Gattungs- und Artenvielfalt auch die verschiedenartigsten Lebensräume besiedelt. Die Kenntnis der Herkunft seiner Fische ist für den Aquarianer also schon von Bedeutung, denn man kann nicht alle Harnischwelse

Schematisierter Harnischwels. Sowohl durch Knochenplatten als auch durch spitze Flossenstrahlen sind die Tiere gut geschützt.

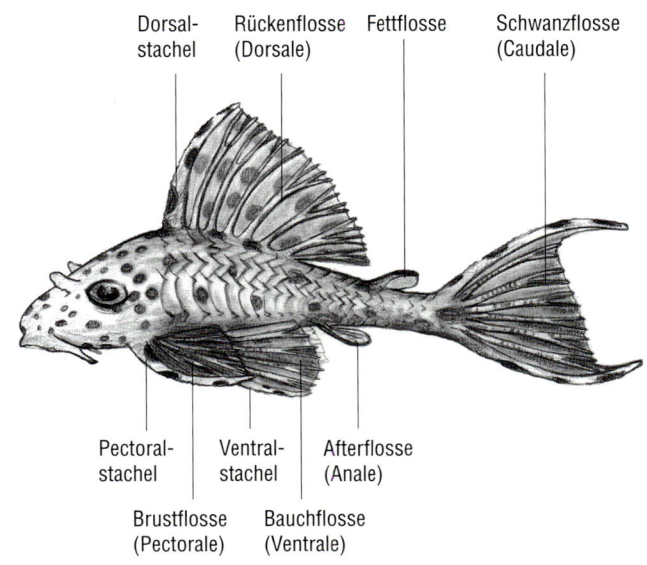

Dorsal-
stachel

Rückenflosse
(Dorsale)

Fettflosse

Schwanzflosse
(Caudale)

Pectoral-
stachel

Ventral-
stachel

Afterflosse
(Anale)

Brustflosse
(Pectorale)

Bauchflosse
(Ventrale)

über einen Leisten schlagen. Es gibt keine allgemein verbindliche Pflegeanleitung für »den« Harnischwels. Alle haben ihre eigenen Ansprüche, die auch erfüllt werden müssen. Ein *Baryancistrus* aus einer Stromschnelle muß anders behandelt werden als ein kleiner Hexenwels, der sich im flachen Uferbereich in einer dicken Fallaubschicht am wohlsten fühlt.

Schon die **Aquariengröße** hat sich nach der Länge der Fische und ihrem Bewegungsbedürfnis zu richten. Während kleine oder wenig bewegungsfreudige und auch friedlichere Arten, etwa die schon erwähnten *Rineloricaria* oder die erst in der Gruppe richtig gepflegten *Otocinclus*-Arten, schon in 80 Zentimeter langen Behältern gut untergebracht sind, verlangen großwüchsige Harnischwelse entsprechend andere Maße. Ein *Pseudacanthicus* oder ein *Glyptoperichthys* sollten nicht in einem Aquarium gehältert werden, das weniger als 400 Liter faßt. Besonders bei der Pflege von Loricariinen sollte man auf eine möglichst große Grundfläche achten, da diese Fische ausschließliche Bodenbewohner sind.

Da die meisten Harnischwelse ihr gesamtes Leben in direktem Kontakt mit dem **Boden** verbringen, kommt der Auswahl des geeigneten Materials auch hier wieder eine große Bedeutung zu. Scharfkantiger Kies ist vollkommen ungeeignet. Es kommen nur Sand und Kies in Frage, an denen sich die Fische keine Verletzungen zufügen können. Für einige Arten ist ein feinkörniges Substrat

55

Voraussetzung zum Wohlbefinden, denn sie müssen sich eingraben können.

Vielen Harnischwelsen ist das Bedürfnis gemein, sich untertags verstecken zu können, denn die meisten Arten sind nachts oder in dunklerer Umgebung aktiv (Eine Ausnahme bilden die tagaktiven *Otocinclus*). Zu grelles Licht macht sie scheu, so daß der Aquarianer sie untertags überhaupt nicht mehr zu Gesicht bekommt. Bei der Einrichtung des Beckens baut man am besten aus Steinen oder Wurzelholz den Maßen erwachsener Fische entsprechende **Höhlen** und sorgt durch eine nicht zu starke **Beleuchtung** des Aquariums für eine den Welsen angenehme Atmosphäre. Bei der Konstruktion der Versteckplätze achtet man schon auf das Format der Fische – langgestreckt und nicht sehr hoch – und geht damit möglichen künftigen Komplikationen bei der Vergesellschaftung aus dem Weg, weil sich die anderen für Höhlen in Frage kommenden Konkurrenten, die Buntbarsche, höchstens auf der Seite liegend hineinzwängen könnten.

L 66 wirkt wie ein *Hypostomus,* gehört aber wegen der abspreizbaren dornenartigen Hautfortsätze (»Odontoden«) an seinen Zwischenkiemendeckeln zu den ancistrinen Harnischwelsen.

Die **Bepflanzung** des Aquariums muß sich nach den Lichtverhältnissen und den Nahrungspräferenzen der Fische richten. Ein Großteil besonders der *Ancistrus*- und *Hypostomus*-Verwandten sind nämlich schon ausgesprochene Pflanzenliebhaber und haben zarte Wasserpflanzen zum Fressen gern, wenn man nicht durch eine ausreichende Versorgung mit entsprechendem Futter den Appetit der Zöglinge in dieser Hinsicht dämpft. Bei der Pflege anderer Harnischwelse wiederum ist eine zu dichte Bepflanzung nicht angebracht, weil man den größten Teil der Bodenfläche als Lebensraum für die Fische freihalten muß. Wieder andere verlangen eine deutliche bis starke Wasserströmung, so daß die meisten Pflanzen eher flach liegen als aufrecht stehen würden.

Am ehesten vereinbar mit den gärtnerischen Ambitionen des Besitzers sind noch die kleineren Vertreter aus der Unterfamilie der Loricariinen, besonders *Rineloricaria*- oder *Sturisoma*-Arten, die sich hauptsächlich von tierischem Material ernähren und mit ihrer geringen Größe beziehungsweise ruhigen Lebensweise auch zartere Gewächse nicht beschädigen.

Weit verbreitet ist immer noch die irrige Meinung, alle Harnischwelse würden Algen von festen Unterlagen schaben. Ein

Der Klassiker unter den *Panaque*-Arten ist *Panaque nigrolineatus*. Die Art wird mit über 30 Zentimeter Länge sehr groß; es gibt aber eine Gruppe kleiner bleibender *Panaque*-Arten, die allerdings auch nicht so auffällig gezeichnet sind. Bei Welsen dieser Gattung gehört Holz unbedingt zur Nahrung!

Nicht alle Harnischwelse sind Vegetarier! In bezug auf die Ernährung gibt es verschiedene Spezialisierungen, die zum Teil an Maulform und Bezahnung zu erkennen sind.

gar nicht kleiner Teil der Arten kann aber mit pflanzlicher Kost überhaupt nichts anfangen. Auch auf dem Gebiet des **Nahrungserwerbs** gibt es bei den Loricariiden die unterschiedlichsten Spezialisierungen, ein Blick auf Barteln, Maulform und Bezahnung macht das deutlich (siehe Abbildung auf Seite 58). Deshalb sei in diesem Zusammenhang noch einmal deutlich davor gewarnt, alle Harnischwelse als Scheibenputzer mißbrauchen zu wollen. Selbst die ausgesprochenen Aufwuchsfresser unter den Loricariiden können beim besten Willen nicht von dem spärlichen Algenwuchs eines Aquariums existieren und müssen mit der gleichen Sorgfalt gefüttert werden wie die anderen Fische auch.

Holz, das ja bereits als Baumaterial für Höhlen empfohlen worden ist, stellt für verschiedene Welse aus der Unterfamilie der ancistrinen Loricariiden auch eine wichtige Nahrungsquelle dar. Hatte man schon lange gewußt, daß *Ancistrus*-Arten abgeraspeltes Holz fressen und zumindest als zusätzliche Nahrung benötigen, ist inzwischen bekannt, daß *Panaque* und *Cochliodon* sogar in der Lage sind, das sonst kaum verdauliche Lignin aufzuspalten und zu verwerten – eine einzigartige Spezialisierung, der auch die spatel- oder löffelförmigen Zähne dieser Arten entsprechen.

Aber selbst diese Welse nehmen auch gerne, zumindest ab und an, **tierische Nahrung** auf. Das können kleine Brocken sein, wie man sie etwa in Form von Mückenlarven, kleineren Würmern (*Tubifex* oder Enchyträen) und anderem verabreichen kann; ebenso gern raspeln sie aber auch an Fischfiletstücken oder größeren Garnelen.

57

Pseudacanthicus spec. (Ancistrinae)

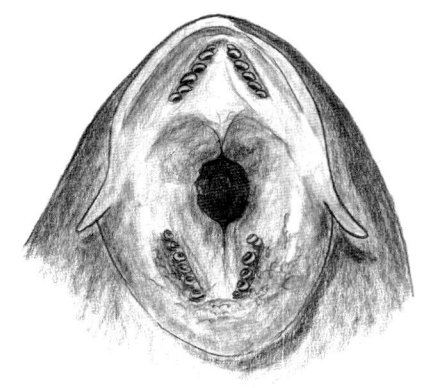

Panaque

Liposarcus anisitsi (Hypostominae)

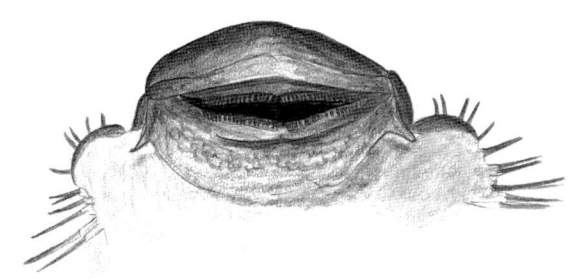

Lasiancistrus scolymus (Ancistrinae)

Die verschiedenen Ernährungsweisen der Harnischwelse spiegeln sich in ihrer Maulform wieder.

Selbstverständlich spielt aber die **pflanzliche Nahrung** die wichtigste Rolle bei der Ernährung der meisten Harnischwelse. Hier ergibt sich der seltene Übereinklang von Bedürfnissen der Aquarienfische und menschlicher Küche. Vieles aus dem Gemüseangebot an Frisch- und Tiefkühlware kommt auch als Futter für pflanzenfressende Fische in Betracht. Dosenkonserven sind nicht geeignet, weil der Inhalt, der zur Haltbarmachung erhitzt worden ist, viele Vitamine bereits verloren hat und außerdem auch noch mit Zusatzstoffen – zumeist mindestens Salz – versetzt worden ist. Frische Ware darf keine Pflanzenschutzmittel mehr enthalten, denn darauf reagieren gerade Welse besonders empfindlich. Salat und anderes, dessen Herkunft also nicht zweifelsfrei bekannt ist, muß gründlich gewaschen werden.

Parancistrus aurantia-cus, ein weiterer ancistriner Harnisch-wels.

In Frage kommen neben allen **Salatsorten** auch **Erbsen**, die man mit den Fingern zerdrückt, damit sie untergehen und die Fische an das freßbare Innere herankommen, außerdem **Rosenkohl**, den man am besten überbrüht, rohe, in Scheiben geschnittene **Kartoffeln**, längs zerteilte **Salatgurken**, die allerdings nicht viel Nahrhaftes bieten, natürlich auch **Spinat** und andere **blättrige Gemüsesorten**. Man muß einiges ausprobieren, um die Vorlieben und Abneigungen der Fische kennenzulernen. Sind auch nach zwei Tagen noch keine deutlichen Fraßspuren am Probestück zu entdecken, muß man es wieder entfernen und wird es mit der nächsten Sorte versuchen.

Auch die Futtermittelindustrie bietet einiges für die Vegetarier unter den Fischen an. So gibt es **Flockenfuttersorten** mit hohem pflanzlichen Anteil und **Futtertabletten**, deren Zusammensetzung auf die Bedürfnisse der Pflanzenfresser abgestimmt ist.

Außer der vom Pfleger angebotenen Auswahl werden die Fische aber auch jeder **Alge** im Aquarium hinterherraspeln. Manche Arten verschmähen noch nicht einmal die so gefürchteten Blaualgen. Welke Pflanzenteile werden ebenfalls zuverlässig beseitigt. Füttert man allerdings zu sparsam, werden auch die nicht für den Verzehr gedachten Gewächse auf Freßtauglichkeit überprüft, was man an der plötzlich auftretenden Gitterstruktur der vorher geschlossenen Blattflächen erkennt.

Um **Algen** als Futter in größerer Menge anbieten zu können, empfiehlt es sich, in der sonnenscheinreicheren Jahreszeit flache

Steine in Wassergefäßen ins Freie zu stellen. Bereits nach wenigen Tagen hat sich ein grüner Film gebildet, der immer schneller wuchert. Legt man diese Steine dann ins Aquarium, wird man sich wundern, mit welcher Begeisterung die Welse die Oberfläche wieder blankputzen.

Allgemeingültige Empfehlungen zur **Vergesellschaftung** der Harnischwelse mit anderen Fischen lassen sich schon aufgrund der Vielgestaltigkeit innerhalb dieser Familie nicht geben, deshalb wird bei den einzelnen Gattungen näher darauf eingegangen. Immerhin läßt sich aber sagen, daß man um so weniger von den Welsen sehen wird, je turbulenter die übrige Gesellschaft ist. Grundsätzlich gilt natürlich wie immer, daß die Ansprüche aller Fische erfüllt werden und nicht eine oder zwei Arten die Hauptrolle spielen, während die übrigen als bloßes Beiwerk ein Schattendasein fristen müssen.

Ähnliches gilt auch für die **Vermehrung** der Loricariiden. Hier hat sich in der Aquaristik während der letzten Jahre so viel getan, daß selbst für unzüchtbar gehaltene Arten inzwischen regelmäßig vermehrt werden. Die höchste Hürde stellt vielfach die Größe bestimmter Harnischwelse dar, die man in Behältern mit einem Fassungsvermögen unterbringen muß, das wohl die Möglichkeiten der meisten Welsfreunde übersteigt.

Um den Unterschieden wenigstens ein wenig gerecht werden zu können, werden im folgenden die verschiedenen Unterfamilien der Harnischwelse mit ihren wichtigsten Gattungen und Arten vorgestellt und deren Ansprüche und Besonderheiten etwas näher beleuchtet.

Die Ancistrus- und Hypostomus- Verwandtschaft

Die Ichthyologie unterscheidet zwei sehr nahe miteinander verwandte Unterfamilien: die **Ancistrinen** und die **Hypostominen**. Neben anatomischen Details, die dem Betrachter des lebenden Fisches eher verborgen bleiben, gibt es ein Merkmal, das eine zuverlässige Unterscheidung ermöglicht, nämlich die beweglichen Hakenstacheln der ancistrinen Harnischwelse auf dem Zwischenkiemendeckel (Interoperculum), die den hypostominen Loricariiden fehlen. Dabei handelt es sich um dornenartige Hautbildungen (Odontoden), die als Verteidigungswaffe, aber auch bei den Kämpfen der Männchen und bei der Balz eingesetzt werden.

Diese Gattungs- und Artenfülle bringt es natürlich mit sich, daß man die verschiedensten Gestalten aus ebenso unterschiedlichen

Mit »Algensteinen« können Sie Ihren Welsen sowohl eine Beschäftigung als auch eine sinnvolle Ergänzung des Futters bieten.

60

Lebensräumen vor sich hat. Von schnellfließenden, sauerstoffreichen Flüssen der Andenabdachung über die Bäche und Ströme des tropischen Regenwaldes bis hin zu den sumpfigen Niederungen des Pantanal sind alle Übergänge und Kombinationen möglich.

Da die Größe der Welse aus diesen Unterfamilien von Zwergen von wenigen Zentimetern bis zu Riesen von weit über einem halben Meter Länge reichen kann, muß sich auch die Größe des **Aquariums** nach der jeweils zu pflegenden Art richten. Aber ob groß oder klein, alle diese Arten lieben Verstecke, in die sie sich tagsüber oder bei Beunruhigung zurückziehen können. Das **Aquarienwasser** muß weder besonders weich noch sauer sein, um diesen Fischen gerecht zu werden. Lediglich zu Zuchtversuchen empfiehlt es sich, den pH-Wert in den leicht sauren Bereich zu senken, weil sich dann die Eier besser entwickeln.

Bei den **Temperaturen** muß man sich an den Heimatgewässern der Welse orientieren. Die meisten (nicht alle) *Chaetostoma*-Arten stammen aus höhergelegenen Wasserläufen mit starker Strömung, die demzufolge auch sehr sauerstoffreich sind. Im

Baryancistrus-Arten (hier L 18) sind in der Jugend oft hübsch gelb gezeichnet. Im Alter sind manche Arten dann aber einfarbig dunkel. Die Fische werden etwa 30 Zentimeter lang, bleiben aber friedlich und gesellig.

Hypancistrus zebra aus dem Rio Xingu ist einer der attraktivsten Harnischwelse überhaupt. Auch ist er friedlich und bleibt mit zehn Zentimetern klein. Wichtig sind unbelastetes Wasser und eine abwechslungsreiche Fütterung mit fleischlicher Nahrung.

Aquarium sollte es bei ebenfalls deutlicher Wasserzirkulation nicht wärmer als 24 °C werden. Ebenfalls nicht zu warm gehalten werden sollten die Arten aus dem Süden des Subkontinents, etwa aus Argentinien, Paraguay und Uruguay. Hier sind jahreszeitliche Schwankungen dem Wohlbefinden der Fische bestimmt förderlich, vielleicht sogar Voraussetzung für eine erfolgreiche Zucht im Aquarium.

Die weitaus meisten ancistrinen und hypostominen Welse kommen allerdings aus dem Amazonas- und Orinoco-Einzug zu uns und brauchen dementsprechende Wärme; es sollte also keinesfalls kühler als 24 °C werden. Stammen die Fische aus den großen Flüssen und nicht aus kleineren, kühleren Wasserläufen, mögen sie es ausgesprochen warm. In ihren heimatlichen Biotopen herrschen Wassertemperaturen von 29 bis über 30 °C. Will man diese Verhältnisse im Aquarium kopieren, muß man auf eine ausreichende Strömung achten, damit der Sauerstoffgehalt hoch genug bleibt, eventuell empfiehlt sich die Installation eines Diffusors oder einer zusätzlichen Belüftung.

Zur **Bepflanzung** sind weiter oben (auf Seite 56) Bemerkungen gemacht worden. Welse, die sich eher nicht von pflanzlichem Material ernähren, kann man natürlich ohne weiteres in einem bepflanzten Aquarium pflegen, ohne um das zarte Grün fürchten zu müssen. Auch bei einer artgemäßen und vor allem ausreichen-

Schwierig zu identifizieren: Handelt es sich hier um eine *Peckoltia*- oder um eine *Panaque*-Art?

den Fütterung der Aufwuchsfresser wird es kaum zu Verlusten unter den Gewächsen kommen.

Auch die **Ernährung** wurde auf den Seiten 57 und 58 schon ausführlich behandelt. Um eine bessere Orientierung zu ermöglichen, hier im Überblick die Gattungen, die sich vorwiegend bis ausschließlich von tierischem Material ernähren: *Hypancistrus, Leporacanthicus, Pseudacanthicus, Scobinancistrus*.

Alle anderen sollten mit einer Nahrungspalette versorgt werden, die zu einem großen Teil aus pflanzlichen Stoffen besteht. Hier sei noch einmal auf die Bedeutung von weichem Holz (Steineiche kommt nicht in Frage) als Ballaststoff beziehungsweise unverzichtbarem Nahrungsbestandteil bei einigen Gattungen hingewiesen. Besonders wichtig ist es für *Cochliodon*- und *Panaque*-Arten.

Die **Vergesellschaftung** vor allem der größer werdenden Arten ist nicht immer einfach. Viele Welse sind untereinander unverträglich, denn sie behaupten ihr Territorium, in dessen Zentrum ihre Schlafhöhle liegt, energisch vor allem gegenüber Artgenossen und anderen Welsen, die ähnliche Ansprüche anmelden. Aber auch zwischen Welsen und anderen Fischen kann es zu Auseinandersetzungen kommen, wenn etwa Buntbarsche Interesse an den Verstecken bekunden. Wer dann letztlich Hausherr des Unterstandes bleibt, ist nicht immer vorauszusehen, denn viele Har-

63

Leporacanthicus galaxias war einer der Auslöser für den Harnischwels-Boom; er wurde vor seiner Beschreibung als L 7 geführt. Seinen deutschen Namen Rüsselzahnwels verdankt er seinem fransigen Maul (Bild auf der rechten Seite) mit den wenigen langen und spitzen Zähnen, mit denen er keine Algen abraspelt, sondern vermutlich Kleinlebewesen aus Spalten und Ritzen ziehen kann.

nischwelse sind nicht nur störrisch, sondern auch außerordentlich stachlig, was sie nahezu unangreifbar macht.

Ein weiterer Konflikt bricht oft aus, wenn Buntbarsche ihr Gelege pflegen. Fischeier scheinen für die meisten Harnischwelse eine unwiderstehliche Delikatesse zu sein, und deshalb setzen sie auch hier ihre Dickfelligkeit und ihre Abwehrwaffen ein, um ans Ziel zu gelangen. Selbst der Verlust großer Teile ihrer Beflossung scheint sie nicht zu kümmern.

Geschlechts-unterschiede bei Harnischwelsen

Das Geschlecht vieler Harnischwelse läßt sich mit ein bißchen Übung zumindest im Vergleich erkennen: Die Männchen sind meist etwas kantiger und vor allem im Kopfbereich wuchtiger gebaut, die Weibchen mit eventuellem Laichansatz im Bauchbereich rundlicher. Eindeutiger ist die Odontodenbildung der Männchen. So heißen die vielen Hautzähnchen entlang der Kopfseiten, auf dem Zwischenkiemendeckel, an den Brustflossenstrahlen und bei einigen Arten auch auf den Körperseiten. Meist sind diese Hautzähnchen oder »Barthaare« während der Fortpflanzungszeit besonders stark entwickelt und werden danach wieder zurückgebildet. Auch die Weibchen zeigen solche Odontoden, sie sind allerdings kürzer und weniger zahlreich als die der Männchen.

Wichtig ist, daß für jeden einzelnen Fisch, ganz gleich ob Wels oder Buntbarsch, ein geeigneter Rückzugsort zur Verfügung steht. Daß dabei die flache Konstruktion von Höhlen den Welsen größere Möglichkeiten einräumt, wurde schon erwähnt. Sie sind sowieso eher mit engen Spalten zufrieden als mit einer großräumigen »Garage«. Eine Möglichkeit, die auch für die viele andere Har-

nischwelse in Frage kommt, stellen Tonröhren – Bambusstücke kommen auch in Betracht – dar, die man im Handel kaufen oder auch selbst töpfern kann. Allerdings sind sie optisch nicht unbedingt reizvoll, was auch auf PVC- oder andere Kunststoffrohre zutrifft, die ihren Zweck aber trotzdem erfüllen. Zur Zucht sind solche röhrenförmigen Höhlen allerdings oft Voraussetzung, wie wir gleich noch sehen werden.

Im Zuge der immer intensiveren Beschäftigung der Aquarianer mit den Harnischwelsen ist auch inzwischen die **Vermehrung** vieler Arten im Aquarium gelungen. Einleuchtenderweise stehen dabei die kleiner bleibenden Arten im Vordergrund; Berichte über die Fortpflanzung der großen Loricariiden haben immer noch Seltenheitswert. Die besten Aussichten bietet die alleinige Pflege der Welse ohne andere Fische unter optimalen Bedingungen. Weitere Voraussetzung ist eine maßgeschneiderte Höhle, deren Durchmesser nicht zu groß sein darf; mehr als zwei Fische nebeneinander sollten nicht hineinpassen. Auch die Länge ist nicht zu großzügig zu bemessen; am besten schlägt man der Länge des Männchens ein paar Zentimeter zu und hat damit das rechte Maß gefunden.

Wie viele andere Fische der Tropen laichen Harnischwelse nicht beständig, sondern zu bestimmten Zeiten. Es kann sich also als notwendig erweisen, die zur Zucht vorgesehenen Tiere durch verschiedene Tricks zu stimulieren. Eine Änderung der Wasserwerte durch einen großzügigen Wasserwechsel kann dazu ausreichen. Ebenso ist es möglich, daß man die komplette »Kirschbaummethode« (siehe Kasten auf Seite 48) durchexerzieren muß.

Man greift natürlich erst dann zu solchen Maßnahmen, wenn ein deutlicher Laichansatz bei den Weibchen Erfolg verspricht. Es ist oft auch besser, mehrere Weibchen mit einem Männchen zusammen anzusetzen, da sich das Treiben durch das männliche Tier dann auf mehrere Weibchen verteilt und nicht ein einzelner Fisch zuviel Streß zu erleiden hätte. Das Männchen findet dann

65

Bei vielen Harnisch-
welsen lassen sich
die Männchen an
ihrem »Bart« oder an
sonstigen Auswüch-
sen im Kopfbereich
erkennen.

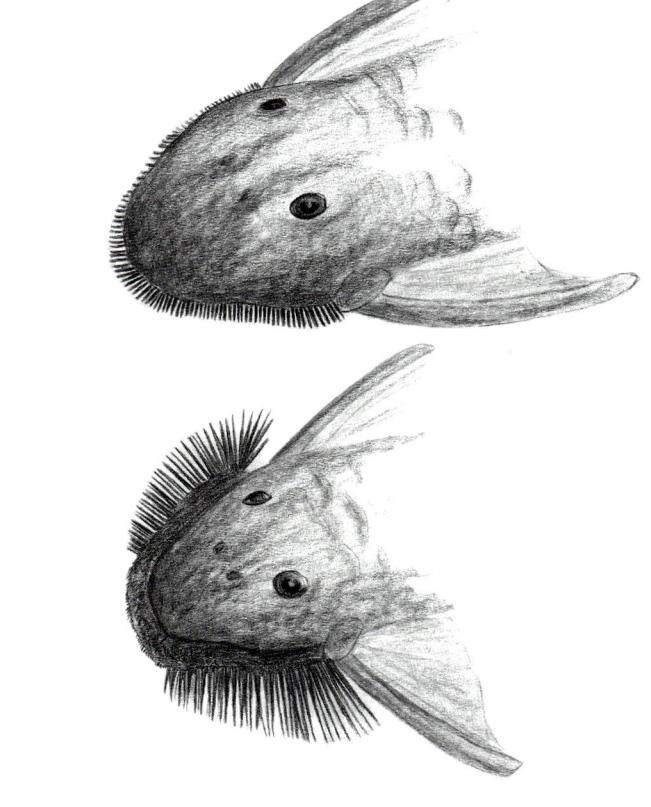

Gute Hygiene ist
eine der wichtigsten
Voraussetzungen bei
der Aufzucht von
jungen Welsen.

auch eher die geeignete und bereite Partnerin; außerdem laichen die Männchen einiger Arten mit mehreren Weibchen nacheinander ab und bewachen dann ein Sammelgelege.

Das **Ablaichen** selbst findet meist in der Dunkelheit statt und wäre, da es sich Inneren der Höhle abspielt, sowieso nicht zu beobachten. Der Aquarianer stellt es am plötzlich abgemagerten Weibchen fest und bemerkt, daß sich das Männchen kaum noch aus der Höhle fortbewegt. Die Eier sind recht groß und oft farbig, was nicht stört, da sie ja durch die Dunkelheit geschützt sind. Sie kleben meist in einem Ballen zusammen oder sind am Boden und den Wänden der Höhle angeheftet. Das Männchen reinigt und bewegt sie mit dem Maul. Auch verursacht es durch Flossenbewegungen einen ständigen Wasserstrom, der eine gute Sauerstoffversorgung der Larven sicherstellt.

Es dauert einige Tage, bis die jungen Welse schlüpfen; sie zehren zunächst noch von ihrem Dottersack. Ist dieser Nahrungsvorrat aufgezehrt, was wiederum einige Tage in Anspruch nimmt, verlassen die Jungen zum ersten Mal die väterliche Höhle und begeben sich auf Nahrungssuche. Jetzt erlischt auch der Brutpflegetrieb

Obwohl nur 19 *Peckoltia*-Arten wissenschaftlich beschrieben sind, ist die Verwirrung groß, denn während der letzten zehn Jahre wurden mindestens 25 weitere, nicht zu identifizierende oder noch unbekannte Arten importiert. *Peckoltia* sind weitgehend friedlich untereinander, und auch die Zucht im Aquarium ist bereits kein Geheimnis mehr.

des Männchens. Es ist von Art zu Art verschieden, ob die erwachsenen Tiere sich an ihrem Nachwuchs vergreifen oder nicht. In den meisten Fällen zeigen sie sich nicht interessiert, man kann aber auch böse Überraschungen erleben. Sicherer ist es, nach dem Ablaichen zunächst alle anderen Fische bis auf das pflegende Männchen zu entfernen und nach dem Freischwimmen der Jungen auch dieses herauszufangen.

Eine andere Möglichkeit stellt die **künstliche Erbrütung** des Laichballens dar. Dazu nimmt man dem Vater das Gelege weg und überführt es in einen Aufzuchtbehälter mit demselben Wasser wie im Zuchtaquarium. Ein Zusatz von pilzhemmenden Mitteln ist empfehlenswert. Man darf den Laich vieler Arten auch nicht dem direkten Licht aussetzen, da er sonst absterben kann. Nicht befruchtete, weißlich-trübe Eier müssen sorgfältig und rasch mit einer Nadel und einer Pipette entfernt werden, bevor sie das gesamte Gelege verderben können. Dieses Vorgehen ist mühsam und nicht immer erfolgreich; die natürliche Methode klappt meist besser und ermöglicht auch die spannenderen Beobachtungen.

Wenn die Jungen die Höhle verlassen, muß sofort das geeignete Futter bereitstehen. Aufgrund der beträchtlichen Größe des freischwimmenden Welsnachwuchses bereitet das aber kaum Probleme. Ideal für aufwuchsfressende Arten sind die schon erwähn-

67

Der Wabenschilder-
wels, *Glyptoperich-
thys gibbiceps*, ist
zwar ein sehr
schöner Fisch, wird
aber im Laufe der
Zeit über 40 Zenti-
meter lang. Das
Aquarium für ihn
muß also minde-
stens zwei Meter
messen.

Welse der Gattung
Pseudacanthicus
werden mindestens
30 Zentimeter lang.
Manchmal sind sie
nicht nur unterein-
ander aggressiv und
können mit ihrer
stachligen Bewaff-
nung anderen
Fischen durchaus
Verletzungen zu-
fügen.

Scobinancistrus sp.
kann mit seinen
großen, starken
Zähnen die Schalen
von Muscheln und
Schnecken zer-
brechen.

Rineloricaria lanceolata. In entsprechend eingerichteten Aquarien ist die Zucht nicht schwer. Die Männchen zeigen einen »Backenbart« und feine Odontoden vor der Rückenflosse.

ten Algensteine (siehe Seite 59). Aber auch andere, zartere Grünpflanzen werden genommen, und auch Flocken- beziehungsweise Tablettenfutter aus industrieller Fertigung ist geeignet. Für die fleischfressenden Arten haben sich, wie bei vielen anderen Aquarienfischen, die frischgeschlüpften Nauplien des Salinenkrebschens, *Artemia* sp., bewährt (siehe Kasten auf Seite 43).

Aber welches Futter man auch verwendet, wichtig ist penibelste Hygiene im Aufzuchtbehälter, denn die jungen Welse reagieren sehr empfindlich auf eine hohe Schadstoffbelastung des Wassers und eine starke Bakterienvermehrung, die dann einsetzt, wenn Futterreste und Ausscheidungen der Fische nicht häufig und regelmäßig durch einen Wasserwechsel entfernt werden. Macht man aber alles richtig, kann man den amüsanten Anblick einer Horde umherhoppelnder Miniaturwelse genießen.

Loricariinen: Hexenwelse und Verwandte

Die **Loricariinen** bilden eine Unterfamilie innerhalb der Harnischwelse, die sich auf den ersten Blick anhand der sehr gestreckten Gestalt mit einem langen, flachen Schwanzstiel von den anderen Loricariiden unterscheiden lassen. Ihre **Verbreitung** reicht von Panama bis nach Uruguay und Argentinien; die im Handel erhältlichen Arten stammen allerdings meistens aus dem tropischen Südamerika, also aus Amazonien, dem Orinoco-Einzug oder aus den Guyana-Ländern.

Seit Jahrzehnten gibt es in der Aquaristik die »**Hexenwelse**«, die heute noch oft verallgemeinernd und falsch als *Loricaria* bezeichnet werden. Die eigentlichen und auch früh schon gezüchteten Hexenwelse gehören der Gattung **Rineloricaria** an, die sehr viel größeren *Loricaria*-Arten werden eher selten gehandelt.

In ihrer Heimat besiedeln die Hexenwelse kleinere Wasserläufe oder flache Bereiche der größeren Flüsse, wo sie sich in versteckreicher Umgebung (Wurzeldickicht, Fallaub) aufhalten. Dem muß man im **Aquarium** Rechnung tragen, indem man ihnen durch eine geeignete Dekoration ebenfalls ausreichende Unterschlupfmöglichkeiten zur Verfügung stellt. Der Behälter selbst muß nicht einmal besonders groß sein, da sich das Bewegungsbedürfnis der Fische in Grenzen hält. Bei sparsamer Vergesellschaftung sollte ein 80 Zentimeter langes Aquarium bereits ausreichen.

Die Wasserwerte haben sich als weniger wichtig bei der Pflege erwiesen. Solange die Härte 20 °dGH nicht übersteigt, sind keine Maßnahmen notwendig. Bei importierten Tieren sollte man sich allerdings eher an den Heimatgewässern der Fische orientieren, zumal eine Vermehrung im Aquarium damit wahrscheinlicher wird und auch die Schlupfrate der Jungen höher liegt. Temperaturen von 24 bis 28 °C entsprechen in aller Regel den Bedürfnissen der Hexenwelse.

Neben einer reichlichen Ausstattung mit Höhlen und ähnlichem kann das Aquarium für *Rineloricaria*-Arten auch gut **bepflanzt** sein, da sich die Welse zwar am Aufwuchs zu schaffen machen, höhere Pflanzen in der Regel aber nicht angreifen.

Loricaria sp. wird über 20 Zentimeter lang. Die Männchen dieser Art betreiben Maulbrutpflege, indem sie den Laichballen mit der Unterlippe festhalten und mit sich umhertragen.

Sturisoma-Arten, werden 20 bis 25 Zentimeter lang, sind aber ruhige Aquarienbewohner. Wie bei vielen Harnischwelsen tragen die Männchen Odontoden (»Borsten«) an den Kopfseiten und sind etwas schlanker als die Weibchen.

Die **Ernährung** der Hexenwelse bereitet keine Probleme, solange man sicherstellt, daß nicht die anderen Fische im Aquarium alles auffressen, bevor die Welse zu ihrem Recht gekommen sind. In der Hauptsache werden pflanzliche Materialien bevorzugt. Futtertabletten mit hohem pflanzlichen Anteil sind gut geeignet, kleines zu Boden gesunkenes Lebend- oder Frostfutter wird aber ebenfalls gerne genommen.

Bei der **Vergesellschaftung** ist darauf zu achten, daß die anderen Fische nicht zu lebhaft sind und für die eher bedächtig wirkenden Hexenwelse keine zu große Nahrungskonkurrenz darstellen. Kleinere Salmler, Zwergbuntbarsche und Welse mit ähnlichem Verhalten kommen als geeignete Gesellschaft für die Welse in Frage.

Voraussetzung für erfolgversprechende **Zuchtversuche** sind röhrenförmige Höhlen, deren Durchmesser so gering sein muß, daß ein Paar der Hexenwelse zum Ablaichen gerade hineinpaßt.

Das Gelege wird vom Männchen bewacht und gepflegt, bis die Jungen nach etwa acht Tagen schlüpfen. Der Dottersack ist nach ein oder zwei Tagen aufgezehrt. Jetzt müssen die Jungen mit entsprechender Nahrung versorgt werden, wobei pflanzliche Bestandteile neben tierischem Futter (frisch geschlüpfte *Artemia*-Nauplien) wichtig sind.

Ganz ähnliche Ansprüche wie die Hexenwelse stellen die ***Farlowella*-** und ***Sturisoma*-Arten**, die man im Deutschen aufgrund ihres auffälligen Aussehens auch als Nadel- und Störwelse bezeichnet. Allerdings benötigen die Angehörigen dieser Gattungen nicht unbedingt Höhlen zur Fortpflanzung, sondern heften ihre Gelege auf feste Unterlagen, wie etwa Holzwurzeln oder die Aquarienscheiben. Auch hier pflegen die Männchen die Gelege bis zum Schlupf der Jungen.

Eine ganz andere Fortpflanzungsstrategie hat eine Gruppe von Loricariinen entwickelt, zu der unter anderem die ***Loricaria***, ***Loricariichthys*** und ***Pseudohemiodon*** gehören, die sich auch in anderer Hinsicht deutlich von den eben vorgestellten Gattungen unterscheiden: Sie werden zum Teil recht groß und leben streng bodengebunden. Daraus lassen sich die **Pflegebedingungen** schon ableiten: Große Aquarien mit viel freier Bodenfläche, die mit einem Substrat bedeckt ist, in das sich die Tiere eventuell auch ohne Schwierigkeiten eingraben können. Der Bodengrund darf also keinesfalls grobkörnig und scharfkantig sein, sondern besteht am besten aus feinem Sand, den die Tiere mit ihren Barteln auch nach Freßbarem absuchen. Alle Angehörigen dieser Gruppe vermehren sich mit Hilfe einer speziellen Form des **Maulbrütens**, bei

Bei maulbrütenden Loricariinen sind die Männchen (links) an der vergrößerten »Unterlippe« zu erkennen.

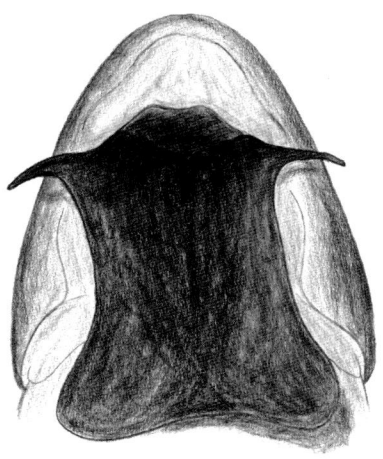 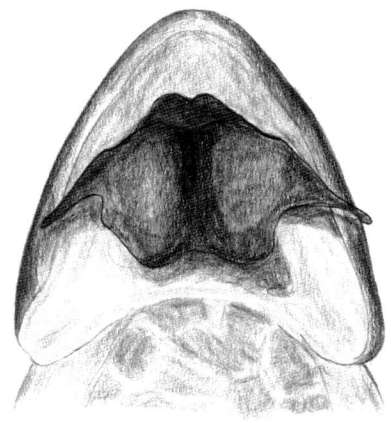

der der Laich jedoch nicht ins Maul aufgenommen wird, wie man es von Labyrinthfischen und Buntbarschen her kennt. Die Männchen tragen das fest zusammenhängende Gelege bis zum Schlupf der Jungen an der Unterlippe, die sich zur Laichzeit bei einigen Arten extrem vergrößert, mit sich umher.

Otocinclus

Die dritte aquaristisch wichtige Gruppe der Harnischwelse, deren Angehörige wegen des perforierten Schädelknochens **Ohrgitterwelse** genannt werden, weicht in Aussehen und Verhalten von den bisher kennengelernten Vertretern der Loricariiden stark ab. Es sind durchweg kleine Fische, die gesellig in Trupps leben und am hellen Tag unterwegs sind. Dabei durchstreifen sie auch die oberen Wasserregionen und ruhen sich zwischendurch gerne auf Pflanzenblättern oder anderen Aussichtspunkten aus.

Die artenreichste Gattung ist **Otocinclus** mit einer Verbreitung von Amazonien bis weit in den Süden Brasiliens. Im Handel findet sich fast immer ein *Otocinclus*-Vertreter, der mit schöner Regelmäßigkeit als *Otocinclus affinis* angeboten wird. Die genaue Bestimmung ist ohne Kenntnis der ursprünglichen Herkunft aber recht schwierig.

Die Kenntnis der genauen Artzugehörigkeit ist aber nicht so wichtig, da sich die verschiedenen Arten in ihren **Ansprüchen** gleichen. Schon kleinere Aquarien mit 80 Zentimeter Länge reichen für die Pflege von *Otocinclus*-Arten aus. Der **Behälter** sollte gut bepflanzt sein und einige Rückzugsmöglichkeiten in Form von Pflanzendickichten und schattigeren Zonen aufweisen, Höhlen sind nicht nötig.

Auch wenn die Fische über eine zusätzliche Darmatmung verfügen, bedeutet das nicht, daß man die **Wasserhygiene** vernachlässigen darf: Nitratarmes und regelmäßig gewechseltes Wasser ist auch für sie Voraussetzung für das Wohlbefinden. Härte und pH-Wert haben sich als nicht bedeutungsvoll erwiesen, denn selbst in härterem, leicht alkalischem Wasser ist die Zucht verschiedener Arten bereits gelungen. Die Wassertemperatur sollte zwischen 23 und 26 °C liegen, eine zu warme Haltung über längere Zeit vertragen sie eher schlecht. Eine **Vergesellschaftung** der *Otocinclus*-Arten mit kleinen und friedlichen Fischen stellt kein Problem dar.

Otocinclus sind zwar **Aufwuchsfresser**, nehmen aber auch kleine tierische Nahrung zu sich. Gut geeignet sind neben zarteren

73

Grünpflanzen (Salat, Spinat), die man am besten vor dem Verfüttern auch noch überbrüht hat, Futtertabletten mit hohem pflanzlichem Anteil. An den Wasserpflanzen vergreifen sich die Welse nicht.

Auch hinsichtlich der **Fortpflanzung** unterscheiden sich die *Otocinclus*-Arten und ihre näheren Verwandten deutlich von allen anderen Harnischwelsen. Die Weibchen heften, ähnlich wie es die Panzerwelse tun, ihre Eier in kleinen Portionen an Pflanzenblätter oder die Aquarienscheiben. Eine Brutpflege gibt es bei diesen Welsen nicht. Die Jungen sind zu Beginn sehr empfindlich und verlangen äußerste Hygiene und hohe Aufmerksamkeit bei der Fütterung, die zunächst mit feinen pflanzlichen Stoffen erfolgen muß.

Gute Schwimmer: Antennenwelse

Weit verbreitet in Mittel- und Südamerika ist eine weitere große Welsfamilie. Wegen ihrer Barteln, die oft mehr als körperlange Tastfäden sind, werden ihre Angehörigen als **Antennenwelse** (Pimelodidae) bezeichnet. Vom wenige Zentimeter langen Zwerg bis zum mehrere Meter messenden Riesen sind alle Größen vertreten, darunter auch einige Arten, die sich schon länger als Aquarienfische bewährt haben.

Allerdings soll hier auch gleich eine Warnung eingeschoben werden: Die im Handel öfter angebotenen Jungfische der wahrhaft groß werdenden Antennenwelse (*Phractocephalus* etwa) passen nach wenigen Monaten in kein handelsübliches Aquarium mehr und stellen ihre Besitzer vor ein kaum lösbares Problem, denn jedes öffentliche Schauaquarium hat schon mehrere dieser anfänglich so entzückenden Tierchen aufgenommen und nun auch keinen Raum mehr für die gefräßigen Riesen.

Das **Aquarium** muß mit seinen Maßen selbstredend der Größe und dem Bewegungsbedürfnis der Fische entsprechen. Wenn auch viele Arten tagsüber eher bewegungslos auf dem Boden liegen, erweisen sie sich nachts als ausdauernde Schwimmer. Das läßt sich schon in etwa abschätzen, wenn man die stete Bewegung der eher kleinbleibenden, tagaktiven Antennenwelse (*Pimelodus* etwa) als Maßstab nimmt. Selbst für diese, »nur« zwölf bis 30 Zentimeter großen Fische muß der Behälter schon mindestens anderthalb Meter lang sein, damit sie nicht bei jeder zweiten Flossenbewegung an eine Scheibe stoßen. Die größeren und großen Arten gehören eigentlich durchweg in ein Schauaquarium mit sei-

75

Pimelodus pictus (hier abgebildet) und *Pimelodus ornatus*, als »Engel-Antennenwels« öfter im Handel, leben gesellig und sind deshalb immer in mehreren Exemplaren zu pflegen.

nen räumlichen Möglichkeiten, wenn man sich nicht sogar der Meinung anschließt, daß der Wandertrieb der Fische (siehe auch unter »Vermehrung« auf Seite 76) eine Aquarienhaltung eigentlich von vornherein verbietet, da man ihnen hier keine entsprechneden Verhältnisse bieten kann.

Da die Antennenwelse nicht im Boden wühlen, sondern allesamt Jäger des Freiwassers sind, ist die Beschaffenheit des **Bodengrundes** nicht von grundlegender Bedeutung. Viele Arten ruhen allerdings tagsüber in Höhlen oder anderen Verstecken, scharfkantiges Material sollte man also trotzdem nicht verwenden. Die Art der **Bepflanzung** orientiert sich am Temperament der Fische; die Gefahr des Gefressenwerdens droht den Gewächsen von den Antennenwelsen nicht. Genügend

Die *Microglanis*-Arten gehören zu den kleineren Antennenwelsen. Tagsüber kommen die Fische nur zur Fütterung aus ihrem Versteck, nachts unternehmen sie Raubzüge durchs Aquarium, denen auch kleinere Aquariengenossen, Neonsalmler etwa, zum Opfer fallen können.

Schwimmraum muß den Fischen allerdings freigehalten werden.

Die **Wasserwerte** sind für die Pflege der Antennenwelse nicht von allzu großer Bedeutung, sie gedeihen auch in härterem, leicht alkalischem Wasser prächtig. Da die meisten Arten, die zu uns gelangen, aus dem Amazonas- und Orinoco-Einzug stammen, sollte man die Wassertemperatur oberhalb der 25-°C-Marke einregulieren.

Die **Ernährung** aller Antennenwelse ist denkbar einfach, sie versuchen sowieso alles zu fressen, was irgendwie ins Maul paßt. Sie erbeuten, ihrer Größe entsprechend, alles tierische, von der Mückenlarve über Fische und Amphibien bis hin zum Säugetier. Die für die Aquaristik in Frage kommenden und öfter im Handel erhältlichen Arten können mit Lebend- und Frostfutter, Fischfilet und Muschelfleisch gefüttert werden. Mit Flockenfutter wird man sie kaum satt bekommen, da sind gröbere Sticks schon besser geeignet.

Bei der **Vergesellschaftung** von Antennenwelsen mit anderen Fischen »passender Größe« muß man etwas Vorsicht walten lassen, da sie einen nahezu unstillbaren Appetit haben und mit ihrem großen Maul erstaunliche Brocken bewältigen können. Dazu kommt ihr rasches Wachstum, so daß sie kleinere Fische im Aquarium in der Größe bald überholt haben und als Beute ansehen können.

Aggressiv sind Antennenwelse nicht, das heißt, sie vertreiben andere Fische nicht aus ihrer Nähe oder verfolgen sie gar. Eher werden die nachtaktiven Welsarten, die tagsüber ruhig auf dem Boden liegen, von anderen Fischen belästigt, indem sie etwa an deren langen Barteln knabbern.

In guter Gesellschaft sind die *Pseudopimelodus-*, *Rhamdia-* und ähnliche Arten in einem Aquarium mit größeren Buntbarschen, Salmlern und anderen Welsen (Loricariiden vornehmlich), während die kleineren *Microglanis* dann scheu bleiben und nur noch nachts aus ihrem Versteck kommen. Ihnen sollte man kleinere Fische zugesellen, die allerdings nicht in ihr breites Maul passen dürfen.

Eine **Vermehrung** der Antennenwelse im Aquarium hat es bisher nicht gegeben, lediglich *Microglanis iheringi* konnte durch Hormongaben schon zum Ablaichen bewegt werden. Die groß werdenden Arten werden kaum zur Fortpflanzung zu bringen sein; sie sind nämlich Wanderer, die die großen Flüsse hinaufschwimmen und sich dort in den Seitenarmen und flachen Zonen paaren. Aber auch die Jungen müssen sich auf Wanderschaft begeben, denn die in den Oberläufen geschlüpften Nachkommen finden sich in den Mündungszonen Tausende von Kilometern von ihrem Geburtsort entfernt. Mit der Abdrift alleine ist das nicht zu erklären.

Vielleicht bestehen bei einigen klein bleibenden Arten Aussicht auf Erfolg, wenn man sie mit unterschiedlichen Reizen beeinflußt, die den jahreszeitlichen Veränderungen in ihrer Heimat entsprechen (siehe auch Kirschbaummethode auf Seite 48). Berichte über geglückte Nachzuchten liegen bis jetzt nicht vor.

Stachelig: Dornwelse

Die im tropischen Südamerika heimischen **Dornwelse** (Doradidae) kann man anhand der namensgebenden bedornten Knochenplatten entlang der Flanken erkennen. Auch die verdickten ersten Strahlen der Brustflossen sind mit spitzen Fortsätzen bestückt, die einem Angreifer (und auch dem Aquarianer) durchaus Probleme bereiten können. Zwar handelt es sich um eine mit ungefähr 90 Arten nicht gerade kleine Welsfamilie; ständig im Angebot des Handels befinden sich aber nur sehr wenige – meist nur ein oder zwei – Dornwelse, die sich auch gut im Aquarium pflegen lassen.

Der Liniendornwels, *Platydoras costatus*, wird mit 20 Zentimetern Länge etwas größer als *Agamyxis pectinifrons*. Im Verhalten ähneln sich beide Arten außerordentlich. Alle Dornwelse können sehr alt werden, im Aquarium erreichen sie ohne weiteres 20 oder 30 Jahre.

Da Dornwelse keine besonders aktiven Schwimmer sind, müssen die **Behälter** auch nicht übermäßig groß sein. Für den Liniendornwels, *Platydoras costatus*, der immerhin rund 20 Zentimeter lang wird, reicht ein 100 Zentimeter langes Aquarium vollkommen aus. Anders sieht die Sache bei den sehr groß werdenden Arten aus, *Magalodoras irwini* (70 Zentimeter) und *Pseudodoras niger* (120 Zentimeter), die als Jungfische ebenfalls ab und an im Handel auftauchen. Man sollte von ihnen besser die Finger lassen, denn früher oder später sprengen die Ausmaße der Fische auch das großzügigst bemessene Privataquarium.

Agamyxis pectinifrons wird etwa 15 Zentimeter lang. Wie alle anderen kleineren Dornwelse ist er tagsüber so gut wie nie zu sehen, erst in der Dunkelheit geht er auf Nahrungssuche.

Mit Welsen umgehen

Welse haben eine ganze Reihe von Verteidigungswaffen entwickelt, deren Kenntnis auch den Aquarianer vor Ungemach und Schmerzen bewahren kann. In erster Linie handelt es sich dabei um Dornen und spitze Flossenstrahlen, aber auch um unterschiedlich wirksame Gifte und bei einer Welsfamilie sogar um den Einsatz von Elektrizität.

Die ersten Strahlen der Rücken- und Brustflossen sind häufig verdickt und enden sehr spitz; obendrein sind sie an den Kanten oft noch mit kleinen, scharfen Sägezähnen besetzt. Zusätzlich sind viele Welse in der Lage, diese Strahlen abzuspreizen und festzustellen, so daß ein Freßfeind, aber auch der Aquarianer deutlich spürbare Probleme damit bekommen kann.

Vorsicht ist auch beim Herausfangen mit einem Netz geboten, da sich die Tiere im Netzgewebe verhaken. Man darf dann nicht mit Gewalt versuchen, den Fisch herauszulösen, sondern läßt Netz mitsamt Fisch im Wasser. Nach kurzer Zeit gelingt es dem Wels meistens, sich zu befreien, und er schwimmt davon. Größere stachelige Tiere fängt man am besten entweder mit der Hand, indem man den Fisch von oben auf der Unterlage festhält und seitlich vor den Brustflossen oder mit einer Hand zugleich auf der Kopfober- und Unterseite ergreift – bei Welsen mit spitzen Zähnen, *Leporacanthicus*-Arten etwa, ist das allerdings nicht zu empfehlen. Manchmal gelingt es auch, den zu fangenden Wels in ein glattwandiges Gefäß zu treiben und damit aus dem Aquarium zu heben.

Wenig ratsam ist es auch, Bratpfannen- und Dornwelse am Schwanzstiel festhalten zu wollen. Bratpfannenwelse versuchen dann mit seitlichen Körperbiegungen ihren Angreifer mit den Brustflossenstrahlen zu stechen, Dornwelse setzen mit heftigen Bewegungen ihre scharfen Knochenfortsätze an den Flanken als Waffe ein. Außerdem versuchen sie, ihren Gegner zwischen Brustflossenstrahlen und Körper einzuklemmen. Das alles kann sehr schmerzhaft sein und blutende Wunden zur Folge haben.

Dazu kommt in vielen Fällen noch ein Eiweißgift, das, wenn es auch kaum gefährlich ist, zusätzliche Schmerzen verursacht, wenn es durch Verletzungen der Haut in die Wunde dringen kann. Lediglich die Korallenwelse sollen über ein auch für den Menschen gefährliches Gift verfügen. Aber auch Stiche von *Pimelodus*- oder *Rhamdia*-Arten können wie ein Bienenstich stundenlang brennen.

Die Stachligkeit und Sperrigkeit vieler Welse muß auch bei Verpackung und Transport berücksichtigt werden. Die sonst gebräuchlichen Plastikbeutel sind nämlich in vielen Fällen bereits nach kurzer Zeit durchlöchert oder aufgeschlitzt. Geeignete Gefäße sind glattwandige, mit einem Deckel verschlossene Plastikeimer oder stabile Styroporkisten.

Die meisten Welse verfügen über wirksame Verteidigungsmechanismen in Form von spitzen Flossenstrahlen oder Dornen, so daß beim Umgang mit ihnen Vorsicht geboten ist.

Wie für die meisten Welse sind Verstecke lebenswichtig, denn die nachtaktiven Dornwelse machen sich tagsüber gern unsichtbar. Höhlen und Spalten sind vom Aquarianer also einzubauen. Die übrige Einrichtung scheint die Fische nicht sonderlich zu interessieren, solange der Bodengrund, auf dem sie liegen und den sie nach Nahrung absuchen, nicht scharfkantig ist. **Pflanzen** werden von ihnen ebensowenig beachtet wie **andere Fische**, die sie weder als Nahrungs- noch als Revierkonkurrenten ansehen: Dornwelse sind die Friedlichkeit in Person. Auch untereinander sind sie nicht aggressiv.

In der Natur fressen Dornwelse wohl hauptsächlich Wirbellose, wie Insektenlarven, Würmer, Schnecken und ähnliches, nehmen aber hin und wieder auch Detritus und ins Wasser gefallene Früchte auf. Im Aquarium gibt es bei der **Ernährung** folglich keine Probleme, wenn man Frost- und Lebendfutter anbietet und gelegentlich auch Tabletten-, Granulat- oder Flockenfutter verabreicht. Mancher Dornwels läßt sich damit auch am Tage aus seiner Höhle locken. Ist das nicht der Fall, sollte man des öfteren erst nach dem Verlöschen der Aquarienbeleuchtung füttern, damit die Welse auch etwas abbekommen.

Über die **Fortpflanzung** der Dornwelse ist auch aus dem Freiland wenig bekannt, einige kleinere Arten bauen offensichtlich Nester aus Pflanzenmaterial, in das die Eier abgelegt und von beiden Elterntieren bewacht werden; auch Schaumnestbauer gibt es unter ihnen. Die großen Dornwelse unternehmen möglicherweise jahreszeitlich abhängige Wanderungen zum Ablaichen. Im Aquarium wurden verschiedene kleinere Arten durch Hormongaben zur Paarung angeregt, vielleicht reicht eine Regenzeitimitation (siehe Kasten »Kirschbaummethode« auf Seite 48) aber ebenfalls aus.

Leben versteckt: Bratpfannenwelse

Die kleine Familie der **Bratpfannenwelse** (Aspredinididae) hat sich mit *Dysichthys coracoideus* und dem hin und wieder erhältlichen *Bunocephalichtys verrucosus* seit langem fest in der Aquaristik etabliert, obwohl man sich fragen muß, was den Liebhaber selbst skurriler Fische daran faszinieren mag, denn die Fische sind tagsüber entweder nicht zu sehen oder liegen wie tot auf dem Boden. Aktive Schwimmbewegungen kann man nur sehr selten beob-

achten. Fühlen die Welse sich aber ernstlich bedroht, sind sie in
der Lage, blitzschnell ein Stück »vorwärtszuschießen«, indem sie
Wasser durch eine plötzliche Muskelkontraktion durch ihre Kie-
menöffnungen zu pressen. Eine weitere Besonderheit ist ihre Häu-
tung, die ähnlich wie bei Reptilien verläuft: Größere oder kleine
Hautstücke werden abgestoßen, und darunter kommt der wie
neu wirkende Wels zum Vorschein.

Die Bratpfannenwelse sind im **tropischen Südamerika** zu
Hause, wo sie in strömungsarmen kleinen Gewässern oder den
flachen Uferzonen größerer Flüsse leben. Oft findet man sie in
dicken Fallaubschichten versteckt, in feinem Sand oder Schlamm
eingegraben. Alle Arten bleiben recht klein; die meisten werden
zwischen sechs und zehn Zentimeter lang. Anders verhält es sich
mit den zur selben Familie gehörenden Banjo- oder Peitschen-
welsen (*Platystacus* und Verwandte), die in den sumpfigen Brack-

wasserzonen entlang der südamerikanischen Atlantikküste vorkommen. Allerdings spielen sie in der Aquaristik keine Rolle.

Das **Aquarium** für Bratpfannenwelse muß nicht groß sein, sollte aber einen feinkörnigen Bodengrund und/oder eine Laubschicht enthalten, in der sich die Fische tagsüber verstecken können; auch Verstecke aus Steinen oder Wurzeln werden gern aufgesucht. Solange den Welsen genügend Freiheit auf der Bodenfläche gewährt wird, kann man Pflanzen nach Geschmack einsetzen. Da man aber ein Behältnis für Bratpfannenwelse nicht allzu stark beleuchten sollte, wird sich die Auswahl doch ein wenig reduzieren.

Die **Wasserwerte** sind zur Pflege von untergeordneter Bedeutung, will man allerdings versuchen, die Fische zur Fortpflanzung zu bewegen, empfiehlt es sich, weiches und zumindest leicht saures Wasser zu verwenden. Ihren Wohngewässern entsprechend sind Temperaturen von 24 bis 28 °C angebracht.

Wie bei der **Ernährung** kleiner Dornwelse ist die Auswahl des Futters nicht problematisch; eine Palette unterschiedlichen Lebend- und Frostfutters gewährleistet die ausreichende Ernährung. Auch sollten Bratpfannenwelse in der Dämmerung oder gar Dunkelheit ihr Futter erhalten, denn selbst nach längerer Eingewöhnung ins Aquarium sind sie nicht dazu zu bewegen, sich tagsüber auf Nahrungssuche zu begeben. Räuberische Ambitionen gegenüber anderen Aquarienbewohnern sind selten, es kämen sowieso nur sehr kleine Fische als Beute für sie in Betracht.

Bratpfannenwelse haben sich bisher nur ausnahmsweise im Aquarium **vermehrt**. Die Männchen bewachen den Laich in einer Mulde, die sie zuvor angelegt haben. Vermutlich dürfen keine anderen Fische im Aquarium anwesend sein, die die Welse stören könnten, damit sie in Ablaichstimmung kommen.

Warnung vor dem Wels!

Links: Als Minihaie werden Kreuzwelse der Gattungen *Arius* (hier *Arius proops*) und *Hexanematichthys* verkauft. Die Fische sind für die Aquaristik ungeeignet, weil sie meist im Brack- oder reinen Seewasser leben, lange Wanderungen zurücklegen und für Aquarienverhältnisse zu groß werden (zwischen 40 Zentimeter und anderthalb Meter). Außerdem haben sie die kleineren Beckeninsassen irgendwann aufgefressen.

Rechts: Auch *Leiarius marmoratus* wird schnell zu groß für das Aquarium.

Schon in den vorangegangenen Kapiteln klang es hier und da einmal an, manchmal war die Warnung auch überdeutlich: **Es gibt viele Welse, die entweder nur mit Einschränkungen im Aquarium zu pflegen sind oder aber gar nicht in die Hände von Liebhabern gehören.**

Trotzdem werden sie in manchen Geschäften angeboten. Das zeugt von wenig Skrupeln seitens der Branche, sowohl den Fischen als auch dem Kunden gegenüber, der oft ahnungslos attraktiv gefärbte Jungfische erwirbt und wenige Monate später nicht mehr weiß, was er mit dem inzwischen zum Riesenbaby herangewachsenen Wels anfangen soll. Um solche Enttäuschungen vermeiden zu helfen und auch den Tieren eine ungeeignete Unterkunft zu ersparen, werden einige der häufigsten auftauchenden ungeeigneten Arten hier kurz präsentiert.

85

Aus Südostasien wird eine *Panagasius*-Art importiert und als *P. sutchi* oder Haiwels angeboten, die in ihrer Heimat ein wichtiger Speisefisch ist. Der Fisch wird mit einem Meter Länge nicht nur sehr groß, er ist auch schreckhaft und schwimmt dann mit voller Wucht gegen die Scheiben.

Elektrische Welse der Gattung *Malapterurus* tauchen als Jungfische ab und an im Handel auf. Die Tiere werden bis zu einem Meter groß, sind Fischfresser und vor allem durch ihre Stromschläge gefährlich.

Vorsicht ist auch bei Dornwelsen geboten. Obwohl sie durchweg friedlich sind, kann man den Jungfischen nicht ansehen, welche Größe sie einmal erreichen. So wird der abgebildete *Pseudodoras niger* über einen Meter lang, *Megalodoras irwini* erreicht mindestens 70 Zentimeter Länge.

Literatur

Im folgenden werden vor allem Veröffentlichungen genannt, die zwar näher in die Materie einführen, aber immer noch Überblickscharakter haben, denn es ist nicht möglich, die unübersehbare Zahl der Zeitschriftenartikel, die Welse zum Thema haben, im Rahmen dieses Buches aufzulisten.

Wer sich näher informieren möchte, findet in den genannten Arbeiten Verweise auf spezielle Literatur. Man kann auch die Jahrgänge der Aquarienzeitschriften durchblättern. Besonders in der DATZ wird man dabei schnell fündig werden.

Evers, H.-G. (1992): Die Unterfamilie Loricariinae Bonaparte, 1831. DATZ-Sonderheft Harnischwelse: 34–36.

– (1994): Panzerwelse: Aspidoras, Brochis, Corydoras. Stuttgart.

– & I. Seidel (1996): BSSW-Sonderheft Maulbrütende Harnischwelse (zu beziehen über den Arbeitskreis »Barben, Salmler, Schmerlen, Welse« im VDA).

Ferraris, C. Jr. (1991): Catfish in the Aquarium. New York.

Franke, H.-J. (1985): Handbuch der Welskunde. Leipzig, Jena, Berlin.

Kasselmann, C. (1995): DATZ-Atlas Aquarienpflanzen. Stuttgart.

Krause, H.-J. (1990): Handbuch Aquarienwasser. Kollnburg.

Mahr, W. (1992): Die »neuen« Harnischwelse im Aquarium. DATZ-Sonderheft Harnischwelse: 14–18.

Matschke, E., & K.-H. Matschke (1991): Panzer- und Schwielenwelse. Leipzig, Jena, Berlin.

Pinter, H. (1998): Das Handbuch der Aquarienfischzucht. 5. Auflage. Stuttgart.

Reichenbach-Klinke, H.-H., & W. Körting (1993): Krankheiten der Aquarienfische. 4. Auflage. Stuttgart.

Schaefer, C. (1992): Glyptoperichthys, Liposarcus & Pterygoplichthys. DATZ-Sonderheft Harnischwelse: 50–53.

– (1996): Das große Buch der Welse. Ruhmannsfelden.

Stawikowski, R. (1992): Harnischwelse: Beobachtungen im Freiland. DATZ-Sonderheft Harnischwelse: 5–9.

– (1992): Unterfamilien Hypostominae und Ancistrinae. DATZ-Sonderheft Harnischwelse: 42–44.

87

Bildquellen

Zeichnungen:
Sonja Schadwinkel, Bremen

Fotos:
Arend van den Nieuwenhuizen, Zevenaar,
außer Seite 86 unten: Rainer Stawikowski.

Adressen

Die Emanzipation der Welse ist noch nicht so weit fortgeschrit-
ten, daß es zahllose Vereine gäbe, die sich ausschließlich mit
ihnen beschäftigten. Immerhin haben sie in einem Arbeitskreis
des VDA (= Verband der Aquarien- und Terrarienvereine
Deutschlands) die Herrschaft so gut wie übernommen, die der-
zeitige Adresse (Stand Juli 1998) lautet:

VDA-Arbeitskreis Barben, Salmler, Schmerlen, Welse
Geschäftstelle: Uwe Wolf, Lindenwiese 5, 98544 Zella-Mehlis

Im VDA sind die meisten örtlichen Aquarienvereine Deutschlands
zusammengeschlossen, und in jedem dieser Vereine gibt es mit
Sicherheit den einen oder anderen, der Welse pflegt, vielleicht
sogar nachzüchtet. Es könnte sich also schon lohnen, Kontakt
aufzunehmen. Die Anschrift des nächstgelegenen Vereins erfah-
ren Sie über:

Geschäftsstelle des VDA
Luxemburger Str. 16
44789 Bochum

Register

89

Impressum

Die deutsche Bibliothek – CIP-Einheitsaufnahme
Schaefer, Claus:
Welse / Claus Schaefer. - Stuttgart (Hohenheim) : Ulmer, 1998
  (Datz-Aquarienbücher)
  ISBN 3-8001-7432-4

© 1998 Verlag Ulmer GmbH & Co.
Wollgrasweg 41, 70599 Stuttgart (Hohenheim)
Printed in Germany
Lektorat: Michael Kokoscha
Herstellung & DTP: Thomas Eisele
Reproduktion & Belichtung: Typomedia, Ostfildern
Druck und Bindung: Appl, Wemding

Beachtenswert – und auch aus dieser feinen Datz-Reihe.

Buntbarsche sind weitläufig verwandt mit unseren einheimischen Flußbarschen. Sie leben in einer großen Vielfalt von Arten in den wärmeren Gegenden der Erde. Buntbarsche sind für Aquarianer nicht nur wegen ihrer Färbung interessant, sondern vor allem wegen eines ausgeprägten Sozial- und Fortpflanzungsverhaltens. Wie beliebt Buntbarsche sind, läßt sich am reichen Sortiment im Zoofachhandel erkennen.

Claus Schaefer. Buntbarsche. 96 Seiten, 52 Farbfotos, 14 Zeichnungen. (Datz-Aquarienbücher). ISBN 3-8001-7434-0

Barben und Bärblinge gehören seit Jahrzehnten zu den Klassikern unter den Aquarienfischen. Sie fehlen in keinem Zoofachgeschäft. Wer sich ein Gesellschaftsaquarium einrichten möchte, wird gern einen kleinen Schwarm dieser Fische pflegen. Da der Handel fast nur Barben und Bärblinge aus dem asiatischen Raum anbietet, beschränkt sich das Buch auf diese Gruppe. Es lohnt auf jeden Fall, sich mit ihnen zu befassen.

Christian-Peter Steinle. Barben und Bärblinge. 96 Seiten, 52 Farbfotos, 14 Zeichnungen. (Datz-Aquarienbücher). ISBN 3-8001-7433-2

Durch ihre Farbenpracht und ihr interessantes Brutpflegeverhalten begeistern Labyrinthfische unzählige Aquarianer. Viele Arten haben sich ihren festen Platz im Angebot des Zoofachhandels erobert. Der Autor ist Datz-Redakteur und stellt die beliebtesten Labyrinthfische vor und beschreibt leicht verständlich und nachvollziehbar, wie man ihren Ansprüchen gerecht werden kann.

Michael Kokoscha. Labyrinthfische. 96 Seiten, 52 Farbfotos, 14 Zeichnungen. (Datz-Aquarienbücher). ISBN 3-8001-7431-6